МОНГОЛ ҮГИЙГ НАЙРУУЛАН БИЧИХ ГАРЫН АВЛАГА (АНХАН ШАТ)

현대몽골어작문(초급)

Ким Ки-Сонь · С.Батхишиг

김 기선· 산기도르지·바트히식

문예림

**МОНГОЛ ҮГИЙГ НАЙРУУЛАН
БИЧИХ ГАРЫН АВЛАГА (АНХАН ШАТ)**

현대몽골어작문(초급)
초 판|1쇄 인쇄 2009년 11월 25일
초 판|1쇄 발행 2009년 11월 30일
저 자|김 기선· 산기도르지·바트히식
발행인|서 덕 일
출판등록|1962년 7월 12일 제2-110호
주 소|서울시 광진구 군자종 1-13 문예하우스 101호
전 화| 02-499-1281-2
팩 스| 02-499-1283
http;//www.bookmoon.co.kr
E-mail;book1281@hanmail.net
잘못된 책은 구입하신 서점에서 교환하여드립니다.
인지는 저자의 협의에 의해 생략 합니다.

ISBN 978-89-7482-518-8 (13790)

서 문

　한국어와 몽골어는 조어법상 음운, 형태, 통사 등 언어의 여러 분야에서 많은 공통점을 가지고 있다. 특히 우리말과 어순이 같은 교착어라는 점에서 학습자들이 일반적으로 몽작문이 쉬울 것이라 생각할 수도 있겠지만 한국인을 위한 몽작문 연습은 이와는 또 다른 유형에 속하는 것이다.

　흔히 몽골어를 단기간 배우고 몽작문이 쉽다고 여겨 우리말을 몽골어로 옮길 때 몽작문이 의외로 어렵고 제대로 되지 않는 것은 몽골식 사고나 몽골어 표현의 특징, 또한 우리말을 몽골어로 옮길 때의 문제점 같은 것은 고려치 않기 때문이다.

　그러므로 본 저술은 초급단계의 학습자들을 배려하여 몽골어 문장의 기본 구조에서부터 다양한 문형 분석에 이르기까지 학습자의 요구 수준을 충족시키며 광범위한 부문에서 양 언어의 공통점과 차이점들을 명료하게 확인해 볼 수 있도록 주안점을 두었다.

　한국과 몽골은 1990년 외교 관계를 수립한 이후 정치, 경제, 문화, 예술 등 다방면에서 급속도로 교류가 활발해지고 있다. 이러한 시점에서 본 책은 급변하는 세계화 시대에 부응하기 위한 좀 더 필수적인 입문 도입서로서 몽골어를 배우는 한국 학생들이 수업이나 개인 연구에서 이 책을 활용하는데 도움이 되고 전공의 길잡이 역할을 할 수 있도록 되도록 평이하게 기술하는 데 유념하였다.

　또한 이 책은 몽골어를 처음 접하는 학습자들에게 몽골어에 쉽게 접근할 수 있도록 매 단원마다 관련 문법내용을 요약하여 제시하였으며 책의 후반부에는 혼돈되기 쉬운 몽골어 유의어들을 정리해 두었다.

　아울러 기본적인 몽골어 지식습득과 학습한 내용들을 학습자 스스로가 복습할 수 있도록 문제풀기 및 실용적인 문형을 제시하여 학습자가 몽골어의 문장 구조 및 어휘, 문법 등을 쉽게 익힐 수 있도록 노력하였다. 내용과 구성에 있어 미비한 점이 있다면 추후 보정할 것을 다짐하며 선학 및 동학의 아낌없는 질정과 가르침을 바라 마지 않는다.

　끝으로 이 책이 나오기까지 깊은 관심과 열정으로 몽골의 언어 및 문화에 적합한 작문교재 발간을 위해 아낌없는 수고를 해준 학제 바트히식 박사에게 감사의 뜻을 전한다. 아울러 여러 가지 어려움에도 불구하고 기꺼이 이 책을 출판해 주신 문예림 서덕일 사장님과 직원 여러분께 고마운 인사를 드린다

2009년 11월
저자 적음

서문

제1부 명사류에서 주의할 점

〖1장〗 인칭대명사의 보충법……………………………………… 5

〖2장〗 명사의 복수 어미와 동사의 복수 어미…………………… 11

〖3장〗 수사의 표현법……………………………………………… 14

〖4장〗 의문대명사『яах』.『хаана』의 사용법……………… 18

〖5장〗 형용사의 의미 비교………………………………………… 21

제2부 동사류에서 주의할 점

〖6장〗 유의동사의 사용법………………………………………… 25

〖7장〗 『..гэж ярих, ..гэж хэлэх』와 인용동사『гэх』의 활용… 30

〖8장〗 부동사 연결어미의 사용법……………………………… 33

〖9장〗 동사 시제어미의 사용법………………………………… 43

〖10장〗 격조사와 재귀어미 표현법……………………………… 48

〖11장〗 합성동사의 사용법……………………………………… 57

〖12장〗 동사태 사용법…………………………………………… 63

제3부 첨사류에서 주의할 점

〖13장〗 의문첨사 『бэ, вэ』.『уу, үү, юу, юү』의 사용법……… 68

〖14장〗 후치사의 사용법 ………………………………………… 71

〖15장〗 보조첨사 사용법………………………………………… 77

〖16장〗 연결사 사용법…………………………………………… 81

〖17장〗 부정첨사와 금지첨사의 사용법……………………… 84

〖18장〗 단어의 이차적 의미……………………………………… 87

참고문헌……………………………………………………………… 91

부록…………………………………………………………………… 93

제1부 명사류에서 주의할 점

몽골어의 품사는 크게 명사, 동사, 첨사의 세 종류로 분류되며 이들 품사는 명사, 대명사, 수사, 형용사, 동사, 부사, 후치사, 감탄사, 조사, 접속사 등 10가지로 세분할 수 있다. 이들 모든 품사는 위의 세 종류 중 하나에 포함된다.

일반적으로 명사에는 실명사, 형용사, 수사, 대명사가 포함되며, 동사에는 실동사, 명령소망동사, 부동사, 형동사를 설정하고, 첨사에는 접속사, 부가사, 감탄사가 모두 포함된다.

몽골어의 명사는 명사 어간 + 단수/복수 + 격어미 + 재귀어미라는 한국어와는 다른 특이한 구조를 지닌다. 그러므로 몽작문을 할 때에는 우리말 문장과 몽골어 문장과 틀리는 점, 특히 상식적으로 이렇게 될 것 같은데 그렇지 않은 유형들에 유의해야 한다. 여기서는 그 중에서 외국인 학습자가 가장 어렵게 생각하고, 가장 틀리기 쉬운 몇 가지 점을 간추려 다루어 볼까 한다.

〖1장〗 인칭대명사의 보충법

9세기 이후 위구르인이 외몽골 고원으로 유입되면서 다량의 투르크어가 몽골어 어휘로 유입되었으며, 일부 투르크어는 몽골어를 대체하기도 하였다. 그 중 일부는 오늘날까지 전해져 내려왔는데 대표적인 예가 몽골어 인칭대명사의 보충법(suppletion)이다. 몽골어 인칭대명사는 다음의 7가지 어형으로 이루어져 있다.

1인칭: *над-, нам-, мин-*
2인칭: *чин-, чам-*
3인칭: *үүн-, түүн-*

1. 단수형

몽골어의 인칭대명사는 일인칭, 이인칭, 삼인칭을 표현하며 문장에서 7개의 격어미를 연결한다. 일인칭의 단수형은 주격에서 би(나), 속격에서 мин, 대격에 нам, 여처격과 조격, 그리고 공동격에서는 над라는 4가지 어형으로 나타낸다. 이인칭은 주격에서는 чи(너), 속격에서 чин, 여처격과 탈격, 그리고 조격 및 공동격에서 чам으로 나타난다.

고대몽골어에서 이인칭 대명사의 복수 어미였던 та(당신)는 현대 몽골어에서 2인칭대명사의 존대형으로 나타나며, 주격에서는 та로, 주격어미를 제외한 다른 격에서는 тан의 형태로 나타난다. 그리고 삼인칭주격어미는 энэ(이것), тэр(그것)이며, 여기에 다른 격어미를 연결할때는 үүн-(이것)과 түүн-(그것)로 변화된다. 이들을 정리해 보면 다음과 같다.

격어미	1인칭	2인칭	3인칭	
주격(∅)	би (나)	чи, та (너, 당신)	Энэ (이것)	тэр (그것)
속격(-ын/-ийн, -н)	миний (나의)	чиний, таны (너의)	Үүний (이것의)	түүний (그것의)
여처격(-д/-т)	надад (나에게)	чамд, танд (너에게)	Үүнд (이것에)	түүнд (그것에)
대격(-ыг/-ийг, -г)	намайг (나를)	чамайг, таныг (너를)	Үүнийг (이것을)	түүнийг (그것을)
탈격(-аас⁴)	надаас (나한데)	чамаас, танаас (너한데)	Үүнээс (이것부터)	түүнээс (그것부터)
조격(-аар⁴)	надаар (나로)	чамаар, танаар (너로)	Үүнээр (이것으로)	түүнээр (그것으로)
공동격(-тай²)	надтай (나와)	чамтай, тантай (너와)	Үүнтэй (이것과)	түүнтэй (그것과)

(1) Би 21 настай.
나는 21살입니다.

Чи юу хийж байгаа юм бэ?
너는 무엇을 하고 있니?.

(2) Миний нэрийг Туяа гэдэг.
내 이름은 토야입니다.

Чиний дүү ирээд явсан.
너의 동생이 왔다 갔단다.

(3) Надад олон ном бий.
나에게 많은 책이 있다.

Чамд улаан өнгө зохиж байна.
너에게는 빨간색이 잘 어울린다.

(4) Намайг гэр хүртэл хүргэж өгөөч.
나를 집까지 데려다 주세요.

Чамайг ангийн даргаар сонгосон.
네가 과대표로 선출됐다.

(5) Надаас ном зээлж авч болно шүү.
나한테 책을 빌려 갈 수 있다.

Чамаас гуйх зүйл байна.
너한테 부탁이 하나 있다.

(6) Надаар зураг зуруулсан.

Чамаар ном уншуулмаар байна.

나한테 그림을 그리게 했다.   너한테 책을 읽게 하고 싶다.

(7) Надтай кино үзэж чадах уу?   Чамтай танайд очиж болох уу?
    나와 함께 영화를 봐 줄 수 있니.   너와 함께 너희 집에 갈 수 있니?

(메모) 외국인 학습자의 경우 인칭대명사의 기본 어형에 격어미를 연결할 때 잘 못 옮기는 사례가 많이 나타난다. 예를 들어, *Надыг, чамыг*가 대표적인 경우이다. 예를 들어 1인칭의 경우 인칭대명사의 기본 어형이 3가지이기 때문에 처음에야 어느 형태에 격어미를 연결해야 할지 좀처럼 올바른 결합을 못하는 것은 어쩔 수 없다 하겠지만, 이런 것은 한 번 기억해 두기만 하면 쉽게 활용할 수가 있는 것이다.

연습문제

1. 다음 보기와 같이 문장을 완성하시오.

보기>> <u>Чамд</u> илгээмж иржээ.

1. Мин..... аав компанид ажилладаг.
2. Над.... олон ном бий.
3. Та ....аар англи хэл заалгах уу.
4. Би ....тай хамт хичээлээ хиймээр байна.
5. Над.... туслаач.
6. Миний дүү .....аар үлгэр яриулах дуртай.
7. .....ны нэр хэн бэ?
8. Та..... овог нэрийг хэн гэдэг вэ?
9. Багш нам...... дуудсан гэнээ.
10. ....(ай)г сайн оюутан гэж сонссон.

2. 복수어미

몽골어 주격어미는 문장에서 명사 어간과 같은 형태로 나타난다. 1인칭 대명사의 복수형은 어간인 би에 복수어미 д를 덧붙여 파생하는 бид로 나타난다. 2인칭 대명사도 속격과 여처격어미를 취할 때 똑같이 변화한다. 몽골어의 격(case)은 단어의 결합 또는 문장 내에서 명사, 명사와 동사 사이의 관계를 가리키는 문법 범주로 주로 체언에 연결되어 다른 문장성분들과 가지는 문법적 관계를 표시하여 주거나 또는 의미요소를 첨가해 주는 기능을 가지고 있는 형태다. 격어미는 현대몽골어와 한국어의 문법 범주 가운데 유사성을 보여주는 가장 대표적인 범주로 몽골어 인칭대명사는 격어미를 붙일 때 다음과 같이 변화한다.

주격   бид(우리)   та нар(너희/당신들)
속격   бидний ~ манай(저희의, 우리의)   та нарын ~ танай(너희들의/당신들의)
여처격   бидэнд ~ манайд(우리에게)   та нарт~танайд(너희들에게/당신들에게)
대격   бидний г(저희를, 우리를)   та нарыг(너희들을/당신들을)
탈격   биднээс(저희한테, 우리한테)   та нараас(너희들한테/당신들한테)
조격   биднээр(저희로, 우리로)   та нараар(너희들로/당신들로)
공동격 бидэнтэй(저희와, 우리와)   та нартай(너희들과/당신들과)

한편 위의 예에서와 같이 2가지 형태의 인칭대명사에 속격과 여처격어미를 동일하게 연결하여 사용할 수 있지만 문맥에 따라 적합하지 않거나 뜻이 달라지는 경우가 더러 있다. 이런 것은 몽골어 인칭대명사와 우리말 인칭대명사의 성질의 차이에서 오는 것으로 자칫 틀리기 쉬운 것이니 유의해야 할 것이다. 이를 예문으로 보면 다음과 같다.

(1) 그 분이 우리(저희들) 어머니입니다.
    (O) Тэр хүн бол манай ээж.
    (X) Тэр хүн бол бидний ээж.

(2) 토야는 우리 학과 학생이다.
    (O) Туяа бол манай ангийн оюутан.
    (X) Туяа бол бидний ангийн оюутан.

(3) 저희들이 제안한 의견을 채택해 주세요.
    (O) Бидний тавьсан саналыг хүлээж авна уу.
    (X) Манай тавьсан саналыг хүлээж авна уу.

(4) 저희들에게 말씀 해 주세요.
    (O) Бидэнд хэлж өгөөч.
    (X) Манайд хэлж өгөөч.

(메모) Манай는 단순히 1인칭 화자 및 청자의 가족 또는 관련 소속기관 등의 복수개념을 나타나며, Бид는 특정 공간에서 화자의 말을 듣고 있는 청자

모두를 포함하여 언급하는 경우에 주로 쓰인다. 2인칭에 있어서도 Танай는 단순히 2인칭의 복수개념을 나타내는 반면, Та нар는 특정 공간에서의 청자 모두를 포함하여 말할 때 쓰인다. 예를 들면:

(5) (O) Танай гэр хаана вэ?
    너희 집 어디에 있니?

   (O) Та нарын гэр хаана?
    너희 집들은 어디에 있니?(청자 모두를 포함)

(6) (O) Танайхан хэдүүлээ амьдардаг вэ?
    너희 가족 몇 명이 살고 있니?

   (O) Та нар хэдүүлээ амьдардаг вэ?
    너희들 몇 명이 살고 있니?(가족 구성원 모두가 듣고 있을 때)

(7) (O) Би танайхантай гэрээ байгуулмаар байна.
    나는 당신들과 계약을 하고 싶다.

   (O) Би та нартай гэрээ байгуулмаар байна.
    나는 당신들과 계약을 하고 싶다(특정 장소에서 화자의 말을 듣고 있는 청자 모두를 포함)

합성어 익히기

(1) 우리(당신들의) 나라(고향)
(O) Манай(танай) улс(нутаг)
(X) Бидний(та нарын) улс(нутаг)

(2) 우리(당신의) 남편(아내)
(O) Манай(танай) нөхөр(эхнэр)
(X) Бидний(та нарын) нөхөр(эхнэр)

(3) 우리(당신들의) 자식(손자)
(O) Манай(танай) хүүхэд(ач, зээ)
(X) Бидний(та нарын) хүүхэд(ач, зээ)

(4) 우리(당신들의) 학교(학과)
(O) Манай(танай) сургууль(анги)
(X) Бидний(та нарын) сургууль(анги)

(1) 우리(당신네) 가족들
(O) Манайхан(танайхан)
(X) Биднийхэн(та нарынхан)

〚2장〛 명사의 복수 어미와 동사의 복수 어미

몽골어는 명사와 동사에서 복수어미를 갖는다. 아래와 같이 복수 어미들을 명사 단수 어간에 연결하여 만든다.

1. -д (주로 사람을 가리키는 대명사나 동물 이름에 사용한다)

   (1) Манай анги хөвгүүд(*охид*) олонтой.
       우리 학과는 남(여) 학생들이 많다.
   (2) Энэ жилийн наадамд олон морьд уралдахнээ.
       올 해 나담 축제에 많은 말들이 참가하겠구나.

(메모) 일부 경우에 복수어미 -д를 여처격어미 -д로 이해할 때가 있다. 형태상으로 똑같으니 문장을 잘 읽고 문맥의 의미에 특히 유의해서 옮겨야 한다. 예를 들어,

   (3) a. Батийн ангийн сурагчид ихэнх нь эмэгтэй.
          바트의 학과 학생들은 거의 다 여학생이다.
       b. Би Батийн ангийн сурагчид ном өгөх ёстой.
          나는 바트가 다니는 학과 학생에게 책을 주어야 한다.

   (4) a. Тэмцээний оролцогчид үнэхээр идэвхтэй оролцлоо.
          선수들이 참으로 열심히 참여 했다.
       b. Тэмцээний оролцогчид шагнал гардууллаа.
          선수들에게 상장을 주었다.

2. -с (대부분의 명사 뒤에 붙는다)

   (1) Бүртгүүлсэн оюутны нэрс 100 гарчээ.
       등록한 학생의 명단이 백 명이 넘었다.
   (2) Өнөөдөр сургууль дээр хүмүүс их цугларчээ.
       오늘 학교에 사람들이 많이 모였다.

(메모) 몽골어 хүн(사람)이라는 단어의 복수어미는 왜 хүмүүс가 됩니까 라고 학생들이 꽤 많이 묻는다. Хүн의 고대 형태는 хүмүүн이었으며 복수어미를 붙일 때 어말 -н이 탈락되어 хүмүүс가 된 것이다. 몽골어 명사에서 -н으로 끝나는 단어에 복수어미를 연결할 때 -н이 탈락하는 규칙이 있다. 예를

들어, өвгөн(할아버지) + д > өвгөд(할아버지), эмгэн(할머니) + д > эмгэд(할머니들), хөгшин(어른) + д > хөгшид(어른들)의 경우이다. 이들 단어에서 -н을 생략하지 않고 쓰면 여처격어미 -д의 의미를 나타낸다.

  (3) a. Өвгөд эртний үг хэлэлцэнэ.
    할아버지들이 옛날 이야기들을 하고 계신다.
   b. Өвгөнд дамжуулж хэлээрэй.
    할아버지에게 말씀을 전해 주세요.

3. -чууд, -чүүд, -чуул, -чүүл (사람을 가리키는 대명사에 연결한다)

  (1) Манай компанийн залуучуудын 60 хувь нь эрэгтэйчүүд юм.
   우리 회사의 젊은 사람 중 60퍼센트는 남자들이다.
  (2) Дайнд оролцож явсан өвөгчүүлийн яриа маш сонирхолтой.
   전쟁에 참여했었던 할아버지들의 이야기는 매우 흥미롭다.
  (3) Сүүлийн үед манай бүсгүйчүүл, залуучууд олон талын мэдлэгтэй болжээ.
   요즘에 우리 나라 젊은 여성들과 남성들은 여러 분야의 다양한 지식을 갖추고 있다.
  (4) 6 сарын нэгэн бол хүүхэд багачуулын баярын өдөр юм.
   6월 1일은 어린이의 날이다.

4. -нар (흔히 인명이나 친척 관계를 가리키는 경우에 많이 사용한다. 또한 직업을 가리키는 명사 뒤에 사용한다)

  (1) Өнөөдөр Бат, Туяа, Уянгаа нар илтгэл тавина.
   오늘은 바트와 토야 그리고 오양가가 발표를 할 것이다.
  (2) Манай ах дүү нар дотор багш нар, эмч нар олон бий.
   우리 친척 중에 교수들과 의사 선생님들이 많다.

5. -ууд/-үүд, -нууд/-нүүд(위에 언급한 경우를 제외한 거의 모든 명사에서 사용한다. -нууд/-нүүд는 장모음이나 이중모음으로 끝나는 단어 어간에 연결하고, -ууд/-үүд는 단모음이나 자음으로 끝나는 어간에 연결하여 사용한다)

 (1) Энэ зураг дээрх гэрүүд бол монгол үндэсний орон сууц юм.
  이 그림에 있는 게르들은 몽골 전통 집이다.

(2) Таны бичсэн шүлгүүд сонинд гарсан байна.
    선생님의 (쓰신) 시가 신문에 실렸다.
(3) Энэ дуунуудыг хэн дуулдаг вэ?
    이 노래들을 누가 부릅니까?
(4) Тэр тоглоомон буунууд ямар үнэтэй вэ?
    저 장난감 총들은 얼마입니까?

[메모] 몽골어에서 2 이상의 숫자나 '다수'의 의미를 갖는 단어가 명사 앞에 올 경우 복수 어미를 취하지 않는다.

(1) 교실에 학생들이 10명이 있다.
(O) Ангид арван оюутан байна.
(X) Ангид арван оюутанууд байна.

(2) 나에게 많은 책이 있다.
(O) Надад олон ном бий.
(X) Надад олон номууд бий.

6. -цгаа⁴ (몽골어에서는 명사의 뒤에 붙는 복수어미 뿐만 아니라 동사의 어간에 붙어 특정행위에 다수의 행위자가 참여함을 나타내는 -цгаа⁴ 접사 또한 복수의 의미를 나타낸다)

(1) Сайн байцгаана уу?
    안녕들 하세요?
(2) Аав ээж чинь нутагтаа сууцгааж байгаа биз дээ?
    부모님은 고향에 계십니까?
(3) Оюутнууд гэртээ харьцгааж байна.
    학생들이 귀가하고 있다.
(4) Хоолоо идэцгээе.
    밥들 먹자.

〖3장〗 수사 표현법

몽골어 수사는 기본 수사에 -дугаар/-дүгээр, -дах/-дэх(...번째/...째)와 같은 어미들을 연결하여 숫자의 순서를 나타내는 다양한 서수사를 만든다.

...째	...번째
Нэг дэх	Нэгдүгээр
Хоёр дах	Хоёрдугаар
Гурав дах	Гуравдугаар
Дөрөв дэх	Дөрөвдүгээр
Тав дах	Тавдугаар
Зургаа дах	Зургаадугаар
Долоо дах	Долоодугаар
Найм дах	Наймдугаар
Ес дэх	Есдүгээр
Арав дах	Аравдугаар

한편으로 외국인 학습자들의 경우 모음조화 규칙에 따라 위의 어미들을 연결하면 되는 서수사와는 달리 년월일시를 몽골어로 옮길 때가 의외로 어렵다고 토로한다. 왜냐하면 몽골어의 기본 수사는 모두 고대몽골어에 -n로 끝나는 단어들이었으며, 현대몽골어에서 한정어(тодотгол)로 사용할 때 숨은 -n 이 대부분의 경우 나타나기 때문이다. 한편으론 일부 수사의 경우 숨은 -n 이 나타나지 않은 경우도 있으므로 유의해서 옮겨야 한다.

1. 시간을 말할 때

1시: Нэг цаг	1분: Нэг минут
2시: Хоёр цаг	2분: Хоёр минут
3시: Гурван цаг	3분: Гурван минут
4시: Дөрвөн цаг	4분: Дөрвөн минут
5시: Таван цаг	5분: Таван минут
6시: Зургаан цаг	6분: Зургаан минут
7시: Долоон цаг	11분: Арван нэгэн минут
8시: Найман цаг	22분: Хорин хоёр минут
9시: Есөн цаг	33분: Гучин гурван минут
10시: Арван цаг	44분: Дөчин дөрвөн минут
11시: Арван нэгэн цаг	55분: Тавин таван минут

12시: Арван хоёр цаг   60분: Жаран минут

(메모) 시간을 말 할 때, 일반적으로 수사 1과 2에서는 숨은 -n이 나타나지 않는다. 다만 수사 11의 경우에서는 숨은 -n이 나타나고, 2에서는 숨은 -n이 나타나지 않는다.

년월일을 말할 때
<u>2001 оны 2 сарын 2</u>
Хоёр мянга нэг оны хоёр сарын хоёрон

<u>1992 оны 1 сарын 1</u>
Мянга есөн зуун ерэн хоёр оны нэг сарын нэгэн

<u>2008 оны 3 сарын 15</u>
Хоёр мянга найман оны гурван сарын арван таван

<u>2009 оны 10 сарын 29</u>
Хоёр мянга есөн оны арван сарын хорин есөн

<u>2011 оны 2 сарын 31</u>
Хоёр мянга арван нэгэн оны хоёр сарын гучин нэгэн

(메모) 년과 월을 말할 때 1과 2의 경우는 숨은 -n이 나타나지 않으며, 일(日)로 끝나는 문장에는 숨은 -n이 나타난다. 또한 월(月) 앞에 дугаар/дүгээр(번째)을 붙일 때 수사는 숨은-n을 취하지 않는다. 이를 정리하면 다음과 같다.

Өнөөдөр нэг<u>дүгээр</u> сарын нэгэн.
오늘은 1월 1일이다.

Миний төрсөн өдөр хоёр<u>дугаар</u> сарын гурванд болдог.
내 생일은 2월 3일이다.

<u>Долдугаар</u> сарын арван нэгэн бол наадмын баярын өдөр
7월 11일은 나담 축체일이다.

문법 익히기

어미를 취할 때 숨은 **-н**이 나타나는 단어

азарга(н)	мич((*э)н)	хавтас((*а)н)
алба(н)	мөгөөрс((*ө)н)	хавирга(н)
алим((*а)н)	мөнгө(н)	хавтага(н)
алт((*а)н)	мяндас((*а)н)	хайч((*а)н)
ам((*а)н)	нас((*а)н)	холтос((*о)н)
амь(н)	наргиа(н)	хор((*о)н)
анх((*а)н)	ноос((*о)н)	хорь(н)
арав((*а)н)	нум((*а)н)	хөөс((*ө)н)
аяга(н)	нус((*а)н)	хөрс((*ө)н)
байдас(н)	нүд((*э)н)	хул((*а)н)
бич(н)	нэг((*э)н)	хумс((*а)н)
бороо(н)	олс((*о)н)	хундага(н)
ботго(н)	оньс((*о)н)	хүрд((*э)н)
буга(н)	өвс((*ө)н)	хүч((*и)н)
бургас(н)	өд((*ө)н)	хэд((*э)н)
бух((*а)н)	өнгө(н)	хялгас((*а)н)
бүх((*э)н)	савх((*а)н)	унага(н)
гурав((*а)н)	сахиус((*а)н)	ундаа(н)
гуурс((*а)н)	сар((*а)н)	ус((*а)н)
гуч((*и)н)	сийрс((*э)н)	үйс((*э)н)
гэдэс((*э)н)	солонго(н)	үнс((*э)н)
даага(н)	сөд((*ө)н)	үндэс((*э)н)
даваа(н)	суварга(н)	үнэг((*э)н)
долоо(н)	сум((*а)н)	үүл((*э)н)
домбо(н)	сүү(н)	үүр((*э)н)
дөнгө(н)	сэлэм((*а)н)	үрэл((*э)н)
дөрөв((*ө)н)	тав((*а)н)	чандага(н)
дээс((*э)н)	тайга(н)	чарга(н)
ёс((*о)н)	талх((*а)н)	чинээ(н)
загас((*а)н)	тахиа(н)	цаас((*а)н)
зураас((*а)н)	тарвага(н)	цас((*а)н)
зуух((*а)н)	товчоо(н)	цус((*а)н)
зүлэг((*э)н)	тогоо(н)	ширэм((*а)н)
зүрх((*э)н)	тонгорго(н)	шүд((*э)н)
зэгс((*э)н)	тор((*о)н)	элс((*э)н)
жар((*а)н)	торго(н)	элэг((*э)н)
илд((*э)н)	тос((*а)н)	ямаа(н)
илжиг((*э)н)	төлөг((*ө)н)	янзага(н)
ингэ(н)	түм((*э)н)	яс((*а)н)
мах((*а)н)	тэрэг((*э)н)	

(메모) (*а/э/о/у/ө/ү/и) 등은 자음으로 끝나는 단어에 숨은 –н을 붙일 때 나타나는 모음들이며, 현대몽골어와는 달리 고대몽골어에서는 숨은 -н 앞에 어말모음의 형태를 그대로 보존하고 있었다. 즉, 몽골어 조어법상의 음운규칙에 따른 문법관계에서 나타난 것이다.

〚4장〛 의문대명사 『яах』·『хаана』의 사용법

몽골어 의문대명사는 хэн(누구), юу(무엇), аль(어느(것)), ямар(어떤), хэр(얼마나), хэд(얼마, 몇), хэчнээн(얼마나), хэзээ(언제), хэдийд(언제 쯤), хаана(어디), хааш(어디로), яах(어떻게) 등이 있다. 이 중에서 『я-』와 『хаа-』는 아래 예문에서 보듯이 문장에서 동사의 어간으로 쓰일 수도 있고 또는 동사처럼 활용되기도 한다.

미래 시제에서
 (1) Туяагийн өгсөн номыг я<u>ах</u> вэ?
    토야가 준 책을 어떻게 할까?
 (2) Хоёулаа бүтэн сайнд хаа<u>чих</u> вэ?
    우리 주말에 어디로 갈까?

(메모) 위의 예문에서와 같이 두 의문대명사는 미래 시제로 사용할 때 -x를 취한다. 아울러 2인칭, 3인칭에서 -x를 취하는 『яах』·『хаачих』과 함께 동사 <u>гэж бай-</u>를 보조동사로 쓸 수 있으며, 또한 <u>гэж бай-</u> 어간에 동사 어미들을 취할 수 있다. 하지만 이를 1인칭에 쓰면 틀린 문장이 되고 만다. 이를 예문을 들어 비교해 보면 다음과 같다.

 (3) 너는 토야가 준 책을 어떻게 할거니?
  (О) Чи Туяагийн өгсөн номыг я<u>ах гэж байна</u> вэ?
  (Х) Би Туяагийн өгсөн номыг я<u>ах гэж байна</u> вэ?

 (4) 너희들은 주말에 어디로 갈 거니?
  (О) Та нар бүтэн сайнд хаа<u>чих гэж байгаа</u> вэ?
  (Х) Бид нар бүтэн сайнд хаа<u>чих гэж байгаа</u> вэ?

(메모) 한편 『яах』·『хаачих』는 <u>гэж бай-</u>를 취할 때를 제외하곤 다른 동사와 연결할 때 의문대명사의 기본 기능을 갖는다.

 (5) Энэ хэрэг яах болсон бэ?
    이 일이 어떻게 된 겁니까?
 (6) Чи хаачихаар явах бэ?
    너는 어디로 갈 거니?

현재 시제에서

(1) Таны бие яаж байна?
    몸이 좀 어떠세요?
(2) Туяа хаачиж байна гэнэ?
    토야는 어디로 간다고 하니?

(메모) 현재 시제로 활용할 때 또한 다른 동사들처럼 -ж байна(~고 있다), -ж явна(~고 간다) 등 대등연결어미 -ж로 동사의 어간에 연결된다.

과거 시제에서

(1) Чиний шалгалт чинь яасан бэ?
    너의 시험이 어떻게 되었니?
(2) Туяа, өчигдөр хаачсан бэ?
    토야, 너 어제 어디로 갔었니?

(메모) 과거 시제로 활용할 때 다른 동사들처럼 -сан⁴, -лаа², -в(-었다/였다) 어미가 동사의 어간에 바로 연결된다.

또한 동사의 다른 어미들과 결합하여 양태(화자의 심리상태를 표현)의 의미를 나타내기도 한다.

(1) Та нар л асуудалгүй бол би яасан ч яах вэ.
    너희들에게 문제가 없다면 나는 어떻게 해도 괜찮다.
(2) Өнөөдөр хичээл ордог бол уу, яадаг бол.
    오늘 수업이 어떻게 될는지.
(3) Туяа хаачна гэж хэлсэн үү?
    토야는 어디로 간다고 했니?
(4) Болд одоо хаа яваа юм бол.
    볼드가 지금 어디 있을까(볼드가 지금 어디쯤 가고 있을까.

(주의할 점) 『яах』·『хаачих』는 원래 -аарай/-ээрэй, -аач/-ээч, -аасай/-ээсэй 등의 명령·청유형어미와 짝을 이루지 않지만 『яах』는 현대 구어체에 와서 동사 어미 -аарай/-ээрэй, -аач/-ээч, -аасай/-ээсэй와 결합하여 간결하고 명료한 문장을 이루는 대용형의 구실을 하기도 한다. 이것은 주로 선행어 대신에 간편한 대용형을 써서 불필요하게 중복된 표현을 줄여 문장의 구조를 간소화하는 문법 원리이다. 반면 『хаачих』의 경우는 이들 어미들을 취하지 않는다.

Би Туяад хэлэх юм байна. Чи тааралдуул нэг яагаач(Хэлээдэхээч).
내가 토야에게 할 말이 있는데, 네가 만나면 전해 주렴.

연습문제1
다음 단어들로 문장을 완성하시오.

(1) Туяа, яасан, өчигдөр, гэсэн, явна, хамт, бидэнтэй
………………………………………………
(2) нь, Дүү, бэ, хаачсан
………………………………
(3) гэж байна, хаачих, орой, өнөөдөр, Аав
……………………………………………
(4) яасан, Чиний, бэ, бие, үү, зүгээр
……………………………………………

연습문제2
다음 중 틀린 문장을 찾아 보시오.

(1) Амттай юм авна гэсэн, яасан бэ?
(2) Би өнөө өглөө хаачих вэ?
(3) Чи Монгол руу явахдаа хичээлээ яах вэ?
(4) Бат хичээлээ тараад хаачих юм бол?

〚5장〛 형용사의 의미 비교

-дуу/-втар⁴와 час, хав, бүв

몽골어에서 형용사는 -дуу/-втар⁴ 등의 접미어와 결합하여 그 형용사의 본래 의미보다 조금 약한 의미를 나타내는 특성을 갖는다. 그리고 한국어의 희디 희다(아주 희다), 푸르디 푸르다(아주 푸르다), 붉디 붉다(아주 희다)의 표현처럼 час, хав, бүв 등의 접두사가 형용사 앞에 쓰이면 본래의 형용사의 의미보다 더 강한 의미를 나타낸다.

-дуу	-втар	-∅	час... + 형용사
халуундуу (조금 뜨거운)	халуувтар (халуундууу보다 더 뜨거운)	халуун 뜨거운	час/хав халуун 아주 뜨거운
хүйтэндүү (시원하다)	хүйтэвтэр (хүйтэндүүу보다 더 시원한)	хүйтэн 추운	хүв хүйтэн 아주 추운
хурдандуу (조금 빠른)	хурдавтар (хурдандууу보다 더 빠른)	хурдан 빠른	хув хурдан 아주 빠른
удаандуу (조금 천천히)	удаавтар (удаандууу보다 더 천천히)	удаан 천천히	ув удаан 아주 천천히
таргандуу (조금 살찐)	таргавтар (таргандууу보다 더 살찐)	тарган 살찐	тав тарган 아주 살찐
туранхайдуу (조금 마른)	туранхайвтар (туранхайдууу보다 더 마른)	туранхай 마른	тув туранхай 아주 마른

(메모) 문장에서 형용사는 선행어와 주로 주격이나 여처격어미, 또는 탈격어미와 짝을 이루어 쓰인다.

(1) Өнөөдөр гадаа хүйтэвтэр байна шүү.
　　오늘 밖에 조금 춥더라.
(2) Гадаа хүйтэн байгаа учраас хав халуун цай ууя.
　　밖에 추우니까 아주 뜨거운 차를 마시자.
(3) Тэр хурдандуу явж байгаа машинаас удаавтар яваарай.
　　저기 조금 빠르게 가고 있는 차보다 조금 천천히 가세요.
(4) Чи арай таргандуу байна, арай туранхайдуу байвал гоё зохино доо.
　　네가 조금 살찐 것 같다, 조금 살을 빼면 더 어울릴 것이다.

연습문제

형용사의 의미 비교는 주로 색깔 이름에 많이 사용된다. 특히 형용사의 의미 비교는 우리말의 표현법과 가장 다른 것 중의 하나로 자칫 틀리기가 쉬운 것이니 유의해야 할 것이다. 다음의 형용사들을 한국어로 옮기시오.

-дуу	-втар	-∅	цав... + 형용사
цагаандуу	цагаавтар	цагаан	цав цагаан
....	....	....	....
хардуу	харавтар	хар	хав хар
....	....	....	....
улаандуу	улаавтар	улаан	час улаан/ув улаан
....	....	....	....
ягаандуу	ягаавтар	ягаан	яв ягаан
....	....	....	....
шардуу	шаравтар	шар	шав шар
....	....	....	....
ногоондуу	ногоовтор	ногоон	нов ногоон
....	....	....	....
хүрэндүү	хүрэвтэр	хүрэн	хүв хүрэн
....	....	....	....
бордуу	боровтор	бор	бов бор
....	....	....	....

(메모) 몽골 문학 서적에서 цас шиг цагаан(눈 처럼 하얀), цаснаас цагаан(눈보다 흰), цус шиг улаан(피 처럼 빨간), цуснаас улаан(피보다 빨간) 등과 같은 비유의 표현이 많이 나타난다. 이것은 형용사에 접두어가 짝을 이룬 цав цагаан(새하얀)과 ув улаан(새빨간) 등의 형태보다 의미를 더욱 강조한 표현으로 볼 수 있겠다.

(1) Цаснаас цагаан царайтай үзэсгэлэнтэй гүнж байлаа.
    눈보다 더 희고 고운 아름다운 공주였다.
(2) Мангасын нүд цус шиг улаанаар эргэлдэж байв.
    괴물의 눈은 피처럼 빨간 색으로 돌고 있었다.

(설명) 우리는 위의 예문을 통하여 몽골 사람들의 정신사의 한 단면을 엿볼 수 있다. 예를 들어 신체의 부분을 가리키는 것에서 아름다운 여성의

이미지를 "눈보다 하얀 피부"이든가 괴물의 이미지를 "눈이 피처럼 빨간 색"이든가 할 때에 우리말 표현법과 몽골어의 표현법이 다르기 때문에 조심해야 한다.

문법익히기

현대몽골어에서는 형용사와 부사의 자음 및 모음 교체에 의해 의미변화를 일으키는 내적변화파생법이 존재한다. 이는 몽골어의 의태어에서 모음교체, 자음교체에 의하여 그 형태, 의미의 차이를 가져오는 것으로 알타이어족 언어들 중 오직 몽골어에서만 나타나는 단어형성법의 하나이다.

(1) Тэр цандгар хүн байна.
    그는 배가 조금 나온 사람이다.
(2) Тэр цүндгэр хүн байна.
    그는 배가 아주 많이 나온 사람이다.
(3) Тэр бандгар хүн байна.
    그는 몸이 조금 뚱뚱한 사람이다.
(4) Тэр бөндгөр хүн байна.
    그는 얼굴만 통통하게 살찐 사람이다.
(5) Тэр мантгар хүн байна.
    그는 얼굴에서 특히 코가 큰 사람이다.
(6) Тэр балхгар хүн байна.
    그는 특히 손과 손가락이 많이 살찐 사람이다.

(메모) 위의 용례들에서 보듯이 몽골어 의태어에서는 신체 부위별로 특성을 묘사한 여러 형태의 의미변화가 나타난다. 외국인 학습자들은 '뚱뚱하다'라는 표현이 모국어에 한 두 개에 지나지 않아 자칫 실수하기 쉬운 표현이니 사전을 잘 참조하여 형용사 및 부사어의 의미 비교에 유의해야 할 것이다.

문법익히기

몽골어 의태어에서의 음운교체에 따른 의미변화

a. горчгор(바짝 마른, 길쭉한)
   хорчгор(날씬한) ~ харчгар(앙상한)
   хэрчгэр(хорчгор 와 харчгар 의 중간)
   хүрчгэр(상체만 날씬한)
b. бандгар(조금 뚱뚱한)
   бөндгөр(얼굴만 통통한)
   бундгар(많이 뚱뚱한)
   бондгор(매우 뚱뚱한)
b'. бандганах(천천히 움직이다)
    бандгалзах(계속 움직이다)
    бандалзах(조금 빨리 움직이다)
    бандайх(앉아서 움직이다)
c. цандгар(배가 튀어나온)
   цэндгэр(배가 볼록 튀어나온)
   циндгэр (цандгар 와 цондгор 의 중간 정도의 뚱뚱한)
   цондгор(배가 많이 나온)
   цүндгэр(배가 아주 많이 나온)
d. банхай(입과 코가 큰)
   манхай(코가 유난히 큰)
   ланхай(못생긴)
   данхай(얼굴이 매우 큰)
   занхай(머리가 큰)
   ханхай(상체가 큰, 텅빈)

　(a, b, c, d)에서 보듯이 의태어의 어두, 어중, 어말음의 모음교체 및 자음교체에 의하여 형용사와 부사의 품사는 바뀌지 않고 어휘의 형태와 의미의 변화만을 보이고 있으며, (b')에서는 부사의 어근에 다양한 동사형성어미가 부가되어 형성된 각각의 동사는 품사범주는 그대로 유지한 채 어휘의 의미변화만을 초래함을 보여주고 있다.

제2부 동사류에서 주의할 점

〚6장〛 유의동사의 사용법

1. 『харах』. 『үзэх』

   (1) 지금 영화를 <u>보고</u> 싶어도 돈이 없어 <u>볼</u> 수 없다.
   (O) Одоо <u>кино үзмээр</u> байгаа ч гэсэн мөнгөгүй учир (кино) <u>үзэж чадахгүй</u>.
   (X) Одоо <u>кино хармаар</u> байгаа ч гэсэн мөнгөгүй учир (кино) <u>харж чадахгүй</u>.

   (2) 나는 어제 친구들과 같이 씨름 경기를 <u>봤다</u>.
   (O) Би өчигдөр найзуудтайгаа хамт бөхийн тэмцээн <u>үзсэн</u>.
   (X) Би өчигдөр найзуудтайгаа хамт бөхийн тэмцээн <u>харсан</u>.

(메모) 여기서 「үзэх」란 동사는 발화자가 어떤 대상이나 사물에 대해 의식적으로 구체적인 목적을 가지고 '보다'란 뜻을 지니는 반면 「харах」는 단순히 사물을 '응시하다'라는 뜻이므로 「харах」를 써서는 안 된다. 몽골어 유의동사 「харах」와 「үзэх」는 문맥에 따라 여러 의미로 쓰일 수 있으므로 그 선택에 유의해야 한다.
한편 다음 경우에서 「харах」는 간단하게 보기만 하는 뜻으로 사용하게 되고, 「үзэх」는 '의식적으로 본다'는 의미를 갖고 있으니 사용할 수 없다.

   (3) 나는 그 사람을 봤다.
   (O) Би тэр хүнийг харсан.
   (X) Би тэр хүнийг үзсэн.

   (4) 그 사람이 여자를 계속해서 보면서 앉아 있다.
   (O) Тэр хүн эмэгтэйн өөдөөс гөлрөн харсаар сууна.
   (X) Тэр хүн эмэгтэйн өөдөөс гөлрөн үзсээр сууна.

한편 다음 예문들에서는 둘 다 허용되는 경우들로서 의미가 어떻게 변화하는지 살펴보고자 한다.

   (5) a. Би их дэлгүүрт тэр гутлыг харсан.
         나는 백화점에서 그 구두를 봤다.
      b. Би их дэлгүүрт тэр гутлыг үзсэн.

나는 백화점에서 그 신발을(사기 위해) 신어 봤다.

 (6) a. Цолмон миний сонинг хараад өгье гэсэн.
   촐몬이 내 신문을 보고 준다 했어요.
   b. Цолмон миний сонинг үзээд өгье гэсэн.
   촐몬이 내 신문을 읽고 준다 했어요.

 그러나 때로는 아래와 같은 두 문장은 외국인 학습자가 들을 때 그 경계가 모호하여 개념을 정확히 구분할 수 없는 경우도 있다.

 (7) a. Би ном хармаар байна.
   b. Би ном үзмээр байна.
   나는 책을 읽고 싶다.

(메모) 위 예문에서는 *Би ном хармаар байна*의 경우 책을 잠깐 보는 것을 의미하며, *Би ном үзмээр байна*라고 말할 때는 '난 공부하고 싶다'는 뜻으로 사용되는 것이 문제의 초점이다.

2. 『бодох』.『санах』.『үгүйлэх』

『бодох』(생각하다)와 『санах』(기억하다) 및 『үгүйлэх』(그리워하다)는 서로 다른 의미를 갖고 있지만 다음의 경우에는 같은 의미로 사용될 수 있다.

 (8) 그 친구가 한 말이 갑자기 생각이 났다.
 (O) Тэр нөхрийн хэлсэн үгийг гэнэт санала.
 (X) Тэр нөхрийн хэлсэн үгийг гэнэт бодлоо.

 (9) 내 동생은 어머니의 말씀을 항상 생각하며 다닌다.
 (O) Миний дүү ээжийн хэлсэн үгийг үргэлж санаж явдаг.
 (X) Миний дүү ээжийн хэлсэн үгийг үргэлж боддог.

(메모) 한국어의 '생각하다'라는 동사는 항상, 늘, 매일, 갑자기 등의 단어와 같이 사용하면 『санах』이나 『үгүйлэх』의 뜻을 나타나기 때문에 (9)의 예문에서는 『бодох』보다는 『санах』로 옮기면 더 잘 어울린다.

3. 『зусардах』. 『долигнох』. 『тал засах』

   (10) a. Туяа үргэлж л тэр эгчид зусардаж байдаг.
        토야가 언제나 선배 언니한테 심하게 아부한다.
      b. Туяа үргэлж л тэр эгчид долигнож байдаг.
        토야는 항상 그 언니한테 아첨한다.
      c. Туяа үргэлж л тэр эгчид тал засч байдаг.
        토야가 항상 그 언니에게 호의를 보인다.

(메모) 위의 동사들은 모두 의미가 비슷한 유의동사이지만 혼용하여 쓰지 않는다. 몽골 사람들은 일반적으로 다른 사람에게 아첨하거나 아부하는 것을 무척 혐오하기 때문에 각기 구별하여 사용한다.

4. 『явах』. 『очих』. 『хүрэх』

『явах』(가다), 『очих』(도착하고 있다, 거의 도착하다), 『хүрэх』(도착하다) 등은 서로 다른 의미를 갖고 있고 문장에서도 서로 다른 뜻을 나타내고 있지만 학생들은 덮어놓고 『явах』만을 쓰는 경향이 있는데 이는 우리말로 '간다'고 하면 우선 『явах』라는 동사를 생각하는 데에서 적지 않은 실수를 하게 되기 때문이다. 그러면 위 동사들이 문장에서 어떤 의미상의 차이를 갖는지 살펴 볼까 한다

   (11) Би одоо танай танайх руу явж байна.
        나는 지금 당신 집으로 가고 있어요.
   (12) Би одоо танай танайх руу очиж байна.
        나는 지금 당신 집에 거의 다 왔어요.
   (13) Би одоо танай танайх руу хүрч байна.
        나는 지금 너의 집에 도착했어요.

또한 외국인 학습자들이 몽골어로 이야기할 때 다음과 같은 오류가 종종 나타난다.

   (14) Та хэзээ сургууль руу ирэх вэ?
        선생님, 학교로 언제 오실 겁니까?
   (X) Би үдээс хойш явна.
        나는 오후에 갈 겁니다.
   (O) Би үдээс хойш очно.

나는 오후에 갈 겁니다.

(15) Улаанбаатарт хэдэн цагийн дараа хүрэх вэ?
울란바타르에 몇 시 후에 도착할 예정입니까?
(X) Улаанбаатарт 1 цагийн дараа явна.
울란바타르로 1시간 후에 출발할 예정입니다.
(O) Улаанбаатарт 1 цагийн дараа очно.
울란바타르에 1시간 후에 도착할 예정입니다.

연습문제
다음 유의동사들로 문장을 완성해 보시오.

(1) дургүйлхэ-(싫어하는 모습을 보여 주다)
    цааргал-(핑계를 대다)
    дургүйц-(반대하다)
(2) дутагд-(모자라다)
    гачигд-(가난하게 되다)
(3) зово-(부끄러워하는 느낌이 오다)
    ичи-(부끄럼을 타다)
    хала-(몸이 뜨거워질 정도로 부끄럼을 타다)
    яс хавталзах(뼈가 흔들리는 느낌이 올 정도로 부끄럼을 타다)
(4) үерхэ-(남녀가 사귀다)
    нөхөрлө-(친구 하다)
    найзла-(사귀다)
    түншил-(파트너가 되다, 동료가 되다)
    ханьса-(같은 길로 가다)
    дөрөө нийлэх(갈 곳이 하나가 되다, 합치다)
    ганзага нийлэх(목적이 하나가 되다)
(5) тэсвэрлэ-(참다)
    тэвчи-(견디다)
    шүд зуу-(이를 악물을 정도로 참다)
    шазуур зуу(악감정을 품다)
(6) ухаар-(깨닫다)
    ухаажи-(지능이 높아지다)
    хэрсүүжи-(통찰력이 높아지다)

томоожи-(성숙해지다)
ухаан суу-(똑똑해지다)
нүдээ нээ-(갑자기 똑똑해지다)
орой руу нь ор-(옛날에 듣고 있었던 지혜로운 말을 이해하다)

〖7장〗 『... гэж ярих, ... гэж хэлэх』과 인용동사 『гэх』의 표현법

동사 *ярих*과 *хэлэх*는 한국어로 둘 다 '말하다'로 옮길 수 있지만 어떤 경우에 둘 다 사용할 수 없거나 의미가 달라지는 경우가 꽤 많다. 예를 들면:

(1) 나는 오늘 학생들 앞에서 축사를 했다.
(O) Би өнөөдөр оюутнуудын өмнө үг хэллээ.
(X) Би өнөөдөр оюутнуудын өмнө үг ярьлаа.

(2) 볼드가 나와 같이 간다고 말했니?
(O) Болд намайг хамт явна гэж хэлсэн үү?
(X) Болд намайг хамт явна гэж ярьсан уу?

(3) 할아버지가 옛날 이야기를 들려주고 있다.
(O) Өвөө үлгэр ярьж байна.
(X) Өвөө үлгэр хэлж байна.

(4) 내가 오늘 수업 중에 준비한 숙제를 발표했다.
(O) Би өнөөдрийн хичээл дээр гэрийн даалгавраа ярьсан.
(X) Би өнөөдрийн хичээл дээр гэрийн даалгавраа хэлсэн.

(메모) 일반적으로 *хэлэх*는 간단한 이야기나 짧은 text를 말할 경우 주로 쓴다. 반면 *Ярих*는 상황이 지속적인 것이나 시간이 좀 더 오래 걸릴 경우에 많이 사용한다. 특히 제 삼자에게 어떤 말을 전해 주고자 할 때는 주로 *хэлэх*를 사용하고, 어떤 사람의 장시간 지속되는 화제나 상황을 제 삼자에게 전해 줄 경우는 *ярих*를 주로 사용한다. 예를 들면:

(1) a. Батаа, Туяа өнөөдөр хамт хоол идье гэж хэлсэн шүү.
　　　바트야! 토야가 오늘 같이 식사 하자고 한다.
　　b. Туяа өнөөдөр бидэнд солонгос хоолны тухай ярьж өгсөн.
　　　토야가 오늘 우리에게 한국 음식에 대해서 이야기 해 주었다.

(2) a. Багш маргааш шалгалттай гэж хэлэв.
　　　교수님이 내일 시험 본다고 하셨다.
　　b. Багш маргаашийн шалгалтын тухай ярив.
　　　교수님이 내일 시험에 대해 말(설명) 해 주었다.

그러나 일반적으로 둘 이상의 사람이 모여 대화를 나누는 것은 어느 정도 오랜 시간을 요하기 때문에 이때에는 항상 ярих를 사용한다.

(1) Бат, Туяа хоёр ярилцаж байна.
    바트와 토야가 이야기를 하고 있다.
(2) Тэд цаг агаарын тухай ярьж байна.
    그들은 날씨에 대해서 이야기하고 있다.

(문법) 하지만 다음과 같은 문장에서는 ярих 대신 хэлэх로 바꾸어 쓰면 의미가 달라진다.

(1) a. Туяа надад Болдын тухай ярьсан.
       토야가 나에게 볼드에 대해 말해 주었다.
    b. Туяа надад Болдын тухай хэлсэн.
       토야가 나에게 볼드를 부탁했다.
(2) a. Тэр Голомт банкны бүтцийн талаар ярьлаа.
       그는 골롬트 은행의 구조에 대해서 설명 했다.
    b. Тэр Голомт банкны бүтцийн талаар хэллээ.
       그는 골롬트 은행의 구조를 언급했다.

(문법) гэх는 ... *гэж ярих*와 ... *гэж хэлэх*의 축약된 형태로 '말하다'의 의미를 나타내며 ярих 와 хэлэх가 생략된 형태라고 할 수 있다. гэх는 문장에서 여러 의미로 쓰인다.

(1) Тэр хүн хэл, соёл хамт оршдог юм гэлээ.
    그 분이 언어와 문화는 항상 함께 존재하는 것이라고 말했다.
(2) Ээж намайг хичээлээ хий гэв.
    어머니가 나에게 공부하라고 하셨다(말했다).
(3) Дарга: Туяад сайн төлөвлөгөө боловсруул гээрэй.
    부장: 토야에게 좋은 계획을 세우라고 해라(말해라),
(4) Багш чамайг дараагийн долоо хоногт ирээрэй гэсэн.
    선생님이 너를 다음 주에 오라고 하셨다(말했다).

(메모) гэх는... *гэж ярих*와 ... *гэж хэлэх*의 생략된 형태로 동사의 모든 어미를 취할 수 있다. 또한 일부의 경우에는 한정어(тодотгол)나 한국어의 '이다'와

같은 서술어 기능을 갖기도 한다.

연습문제 몽골어의 гэх는 다음 문장들에서 어떤 의미로 나타나는지 이야기해 보고 이와 비슷한 문장들을 작성해 보시오.

(1) Чингис хаан гэж хэн бэ?
    칭기스 칸이(라고) 누구입니까?
(2) Намайг Туяа гэдэг.
    내 이름은 토야라고 합니다.
(3) Яах гэж энд ирсэн юм бэ?
    어떻게 여기에 오셨습니까?
(4) Би одоо номын сан руу явах гэж байна.
    나는 지금 도서관으로 가려고 한다.
(5) Өнөөдөр 5 цаг гээд хүрээд ирээрэй.
    오늘 5시까지 오십시오.
(6) Ном гэдгийг солонгосоор юу гэдэг вэ?
    책을 한국어로 무엇이라고 합니까?
(7) 토야: Болд өнөөдөр усан сан руу явна гэсэн.
        볼드가 오늘 수영장으로 간다고 했어.
    바야르: Тийм гэж үү?
        그래요?
(8) Туяа гэж миний эгч.
    토야라는 사람이 내 언니이다.

〖8장〗 부동사 연결어미의 사용법

1. 대등연결어미 『-ч/-ж, -н』

동사어간에 대등연결어미 -ч/-ж, -н을 연결하여 시간의 앞뒤 순서 또는 행동이나 사실이 동시에 일어남을 가리킬 때 사용한다. -ж는 어간이 모음이나 в, г, р, с 이외의 자음으로 끝나는 단어 뒤에 접속한다. -ч는 어간이 자음 в, г, р, с로 끝나는 단어 뒤에 접속한다.

(1) Би хоол хийж дүү гэрээ цэвэрлэв.
   내가 밥을 하고 동생이 청소 했다.
(2) Би хичээлээ явж Туяа номын сан явав.
   나는 학교로 가고 토야는 도서관으로 갔다.
(3) Би англи хэл сурч бас хөгжмийн дугуйланд явдаг.
   나는 영어를 배우고 또한 음악 학원에 다니고 있다.
(4) Туяа номын санд арбайт хийн би түүний ажлыг сонирхов.
   토야는 도서관에서 아르바이트를 하고 나는 그 일을 구경했다.

(메모) 병렬연결어미 -ч/-ж는 대등복합문에서 자연스럽게 동사와 동사를 연결하며 한국어의 '고'에 대응된다. 하지만 공동연결어미 -н은 대등복합문에서는 거의 쓰지 않고 주로 보조동사와 본동사를 연결할 때 많이 쓴다.

(1) Тэр гэрийн зүг алхан одов.
   그는 집 쪽으로 걸어서 갔다.
(2) Би Туяаг иртэл ном уншин сууж байлаа.
   나는 토야가 올 때까지 책을 읽고 있었다,

(메모) 한 문장에서 -ч/-ж를 여러 번 반복해서 취하지 않고 대부분의 경우에 연속하여 나타나는 동사들 중 첫 번째 동사에 -н을 붙인다.

(1) Өнөөдрөөс шалгалт дуусан амарч байна.
   오늘부터 시험이 끝나 쉬고 있다.
(2) Туяа үүд тогшин орж ирж байна.
   토야가 문을 노크하고 들어오고 있다.

위 경우에 -н과 -ч/-ж를 바꿔서 사용하면 너무 어색한 문장이 된다.

(X) Өнөөдрөөс шалгалт дуусч амран байна.
(X) Туяа үүд тогшиж орж ирэн байна.

2. 선행연결어미 『-аад⁴』

동사어간에 선행연결어미 -аад⁴를 연결하면 하나의 동작이 끝나고 그 뒤에 또 다른 동작이 일어남을 나타낸다.

(1) Хичээл эхлээд 10 минут болж байна.
    수업 시작한지 10분 되었다.
(2) Солонго маргааш яваад сарын дараа буцаж ирнэ.
    솔롱고가 내일 가서 한 달 후에 돌아올 것이다.

연습문제
다음의 동사 어간에 대등연결어미 -ч/-ж, -н, -аад⁴를 연결한 단어들을 따라 읽으시오.

동사어간	-ч/-ж	-н	-аад⁴
хий-	хийж	хийн	хийгээд
ярь-	ярьж	ярин	яриад
хэл-	хэлж	хэлэн	хэлээд
ажилла-	ажиллаж	ажиллан	ажиллаад
ид-	идэж	идэн	идээд
дуус-	дуусч	дуусан	дуусаад
сонс-	сонсч	сонсон	сонсоод
бод-	бодож	бодон	бодоод

3. 양보연결어미 『-вч』

동사의 어간에 양보연결어미 -вч를 연결하여 앞의 동작이나 행위에 대해 다음의 동작이나 행위가 상반되거나 일정한 결과가 일어나지 못함을 나타낸다. 한국어의 '-아/어도', '-더라도', '(으)ㄹ지라'도', '-지만'에 대응된다.

(1) Би ном унших дуртай боловч номын сан руу цөөхөн явдаг.
    내가 책을 읽는 것은 좋아하지만 도서관으로 자주 가지는 못한다.
(2) Туяа мундаг оюутан байсан боловч шалгалтандаа уначихсан.
    토야가 대단한 학생이었지만 시험에는 떨어졌다.

(메모) 몽골어의 양보연결어미 –вч는 문장에서 강조첨사(Туслах үг) `ч`와 바꿔 써도 동일한 의미를 나타낸다.

(1) Би хичээлээ хийсэн боловч сайн ойлгосонгүй.
    Би хичээлээ хийсэн ч сайн ойлгосонгүй.
    나는 공부를 했지만 이해를 하지 못 했다.
(2) Туяа сургуульдаа очсон боловч хэн ч байсангүй.
    Туяа сургуульдаа очсон ч хэн ч байсангүй.
    토야가 학교에 갔지만 아무도 없었다.

4. 부정연결어미 『-лгүй』

동사 어간에 부정연결어미 -лгүй를 붙여서 부정의 의미를 나타낸다. 한국어의 '-지 않고', '-지 말고'에 대응된다.

(1) Чи явалгүй намайг хүлээж байгаарай.
    넌 가지 말고 나를 기다리고 있어.
(2) Дарга энд гарын үсэг зуралгүй явчихчээ.
    사장님이 여기에 사인 하지 않고 가 버렸네.
(3) Намайг очтол хоолоо идэлгүй байж бай.
    내가 갈 때까지 식사 하지 말고 있어.
(4) Багш тэр бичгийг уншилгүй цүнхэндээ хийсэн.
    교수님이 그 서류를 읽지 않고 가방 안에 넣었다.

연습문제
다음 단어들로 문장을 완성하시오.

(1) аав, миний, өгөлгүй, номыг, явчихжээ.
    _____
(2) байж байгаарай, чи, хэлэлгүй, багшид
    _____

(3) Тэжон, Сөүлд, явах, хоноглүй, уу.
_____

(4) суулгүй, тэнд, сууна уу, энд
_____

5. 지속연결어미 『-саар』

동사어간에 지속연결어미 『-саар』를 접속하여 어떤 동작이나 행위가 계속됨을 나타낸다.

(1) Багш хичээлээ заасаар байна.
    교수님이 강의를 계속 하고 계신다.
(2) Туяа хичээлээ хийсээр Бат зураг үзсээр байлаа.
    토야는 공부를 계속 하고 있고, 바트는 TV를 계속 보고 있었다.
(3) Би гэртээ явсаар очлоо.
    난 집으로 계속 걸어가서 도착했다.
(4) Энэ ажлыг хийсээр хийсээр дадна.
    이 일을 하고 또 하고 계속 하면 적응된다.

연습문제
다음 단어들을 활용하여 문장을 완성하시오.
бодсоор
санасаар
суусаар
харсаар
дуулсаар
бүжиглэсээр
соноссоор

6. 조건연결어미 『-баас⁴/-ваас⁴, -бал⁴/-вал⁴』

조건연결어미 -баас⁴/-ваас⁴, -бал⁴/-вал⁴는 한국어의 '-(으)면', '-(으)ㄴ다면', '-거든'에 대응된다. -баас⁴/-ваас⁴는 문어에서 나타나며 문서, 추천서 등에 주로 많이 쓰인다.

(1) Асуудал гарвал над руу яриарай.
    문제가 생기면 나에게 연락하십시오.
(2) Хичээлээ сайн хийвэл манлайлагч болж чадна.
    공부를 잘 하면 일등이 될 수 있다.
(3) Иргэн бүр хичээвээс улс маань хөгжинө.
    개개인이 열심히 살면 우리 나라는 발전된다,
(4) Хүсэлтийг минь хүлээж авбаас гүнээ талархах болно.
    제 부탁을 받아 주신다면 아주 감사하겠습니다.

(문법) -бал⁴/-вал⁴는 미래 시제에서 -х юм бол과 짝을 이루며, 과거시제에서는 сан⁴ бол과 결합하여 사용할 수 있다. 예를 들면,

(1) Чи сайн сурах юм бол сайн ажилтай болно.
    네가 열심히 배우면 좋은 직업을 얻을 수 있을 것이다.
(2) Бороо орох юм бол сэтгэл сэргэнэ.
    비가 오면 기분이 좋아질 것이다.
(3) Би өнөөдөр завтай байсан бол номын санд суух байсан.
    내가 오늘 시간이 있었다면 도서관에 갔었을 것이다.
(4) Өчигдөр надад мөнгө байсан бол тэр киног үзэх байсан.
    어제 나한테 돈이 있었다면 그 영화를 보았을 것이다.

또한 부정의 의미를 나타낼 때 *-хгүй бол*로 변화한다.

(1) Би Монголд очихгүй бол чамд захиа явуулна.
    내가 몽골에 못 가면 너한테 편지를 보낼 것이다.
(2) Чи энэ номыг уншихгүй бол би уншиж байх уу?
    네가 이 책을 읽지 않는다면 내가 읽고 있을까?

연습문제
다음 문장들에 -бал⁴/-вал⁴, -х юм бол, сан⁴ бол 연결어미들 중 적합한 형태를 연결하여 문장을 완성하시오.

(1) Өвөл бол... цас орно.
(2) Бороо ор... цэцэг ногоо сайхан ургана.
(3) Гэрийн даалгаварт юу өгснийг мэдэх .... надад бас хэлээрэй.
(4) Чи монгол хэл сурах .... би чамд зааж өгье.

(5) Өчигдөр Баярын төрсөн өдөр байсныг мэд............. мэнд хүргэх байсан.
(6) Чи эртхэн ирсэн .... бол сонирхол зүйл их үзэх байсан.

7. 즉시연결언미 『-магц』 와 순차연결어미 『-нгуут』

동사어간에 『-магц』 과 『-нгуут』 를 접속하여 어떤 동작이나 행위가 일어남과 동시에 바로 다음 동작이나 행위가 순차적으로 발생함을 나타낸다.

(1) 아버지가 신문을 읽자 마자 바로 밖으로 나가셨다.
(=) Аав сонин уншиж дуусмагцаа гадагшаа гарсан.
(=) Аав сонин уншиж дуусангуутаа гадагшаа гарсан.

(2) 수업이 끝나자 마자 도서관으로 갈 것이다.
(=) Хичээл дуусмагц номын сан руу явна.
(=) Хичээл дуусангуут номын сан руу явна.

8. 기회연결어미 『-нгаа』

동사어간에 기회연결어미 『-нгаа』 를 연결하여 해당어미를 갖는 선행동사의 동작이 행해지는 기회에 후행동사의 동작도 함께 발생함을 가리킨다. 한국어의 '-(으)면서', '-는 김에'에 대응된다.

(1) Би хичээлээ хийнгээ хөгжим сонсож байна.
    나는 공부 하면서 음악을 듣고 있다.
(2) Аав хоолоо иденгээ сонин уншиж байна.
    아버지는 아침을 드시면서 신문을 읽고 있다.

연습문제
다음 문장들에 -магц, -нгуут, -нгаа 연결어미들 중 맞는 어미를 연결하시오.

(1) Би Туяа яв(а)....... хойноос нь гарсан.
(2) Ээж хоол хий........ кофе чанаж байна.
(3) Би хичээлээ хийж дуус(а)....... унтана.
(4) Баяраа дуу дуул(а).......... бүжиг бүжиглэж байна.

9. 한계연결어미 『-тал』

한계연결어미 『-тал』은 어떤 일이나 행동을 하려고 할 때 생각지 않은 다른 뜻밖의 일이 생길 경우 주로 사용된다.

(1) Сургууль руу очтол олон хүн цугларсан байв.
   학교로 갔더니 사람들이 많이 모여 있었다.
(2) Орой хамт хоол идье гэтэл ажил гарчлаа.
   저녁 같이 먹자고 했더니 일이 생겼네.

(메모) 또한 『-тал』은 '-ㄹ 때까지' 또는 '-까지'의 뜻을 나타내는 의미를 갖기도 한다.

(3) Танай гэр хүртэл хэр удах вэ?
   너희 집까지 얼마나 걸리니?
(4) Нутагтаа очтол 1 сар дутуу байна.
   고향에 갈 때까지 약 한 달 남았네.

(주의할 점) 아래 예문에서 보듯이 어떤 일이나 행동을 하려고 할 때 생각지 않은 다른 뜻밖의 일이 생길 경우의 문장의 종결어미는 대개 과거 시제 어미를 취하는 것이 통례이다.

(5) <u>Гэртээ харьтал</u> ээж хоол хийчих<u>сэн байв</u>.
   집에 갔더니 어머니가 밥을 만들어 놓았다.
(6) <u>Гэртээ харьтал</u> ээж ирчихнэ дээ.
   집에 갈 때 까지 어머니가 오실 것이다.

연습문제
다음 text를 읽고 몽골어를 우리말로 옮기시오.

　Монголд очтол 3 цаг өнгөрлөө. Онгоцноос буутал олон хүн цугларсан байлаа. Тэгтэл намайг тосох хүн гараа даллаж харагдав. Тэндээс Улаанбаатар төв хүртэл 15 минут явлаа.

10. 목적연결어미 『-хаар, -хлаар』

목적연결어미 -хаар는 선행동사의 의도나 목적으로 인해 후행동사의 목적이 발생한다는 의미를 갖는다. 한국어의 '-(으)러', '-(ㅇ)려고'에 대응된다.

(1) Би монгол хэл сурахаар Улаанбаатар явна.
나는 몽골어를 배우러 올란바타르로 갈 것이다.
(2) Найз маань хоол идэхээр гарсан.
내 친구가 밥을 먹으러 밖에 나갔다.

(주의할 점) 외국인 학습자들이 몽골어를 배울 때 목적연결어미 –хаар와 후속연결어미 -хлаар를 종종 구분 못하는 경우가 많다. -хлаар는 선행동사의 동작 발생에 따라 후행동사의 동작이 뒤이어 발생함을 나타내며 한국어의 '-(으)ㄴ 후에'에 대응시킬 수 있다.

(1) Чамайг ирэхлээр хамт явцгааяа.
네가 오면 같이 가도록 하자.
(2) Дуу сонсохлоор сэтгэл сайхан болдог.
노래를 듣고 있으면 기분이 좋아진다.
(3) Аав ажилдаа явахлараа дүүг дагуулж явдаг.
아버지는 회사에 출근하실 때 동생을 데리고 간다.
(4) Би ээжийгээ санахлараа уйлдаг.
나는 어머니를 그리워할 때 울곤 한다.

(문법) 일반적으로 -хлаар를 사용하는 문장은 -даг⁴로 끝나는 경우가 많다. 한편으로 -хлаар는 문장에서 –хаар의 형태로도 나타날 수 있다. 이것은 위에서 배운 목적연결어미 –хаар가 아닌 몽골어에서 한 단어 안에서의 l과 r 자음 중 하나는 생략되어 발음되는 규칙으로 인해 생겨난 -хлаар형태이다. 이것을 목적연결어미 –хаар와 구분할 수 있는 방법은 간단하다. 후속연결어미 –хлаар는 문장 안에서 언제든지 -хаар로 바꿔 쓸 수 있지만 목적연결어미 –хаар는 한 문장 안에서 결코 -хлаар로 바뀔 수 없다.

(1) 네가 집에 도착하면 통화하자.
(O) Чамайг гэртээ харихлаар утсаар ярия.
(O) Чамайг гэртээ харихаар утсаар ярия.

(2) 나는 한국어를 배우기 위해 열심히 노력하고 있다.
(O) Би Солонгос хэл сурахаар хичээж байна.
(X) Би Солонгос хэл сурахлаар хичээж байна.

또한 목적연결어미 –хаар를 -хлаар로 바꿔 쓰게 되면 잘못된 문장이 될 뿐만 아니라 의미가 바뀔 수도 있다. 예를 들면:

(1) Би хичээлээ хийхээр явна.
    나는 공부하러 갈 것이다.
(2) Би хичээлээ хийхлээрээ явна.
    나는 공부하면(하고 나서) 갈 것이다.

> 연습문제

다음 밑줄 친 곳에 –хаар와 –хлаар중 적합한 연결어미 하나를 넣어 문장을 완성하시오.

(1) Чамайг монгол хэл сура.... би чамаар заалгана шүү.
(2) Чи монгол хэл сура.... Монгол яваад ирсэн гэл үү
(3) Аав сонин ава.......... гадагшаа гарлаа.
(4) Аавыг сонин ава...... би уншина.

11. 형동사형어미 『-маар』

동사어간에 형동사형어미 -маар[4]를 접속시켜 주로 희망과 바람을 나타낸다. -маар는 항상 동사 'байх, болох'와 같이 짝을 이루어 쓰이며, 명사 앞에 올 때는 수식어의 기능을 갖는다.

(1) a. Би ном уншмаар байна.
       내가 책을 읽고 싶다.
    b. Тэр уншмаар ном байна.
       그 책은 읽고 싶은 책이다.
(2) a. Бид хамтдаа баймаар байна.
       우리는 같이 지내고(있고) 싶다.
    b. Бид бол үргэлж хамтдаа баймаар найзууд.
       우리는 영원히 같이 있고 싶은 친구들이다.

연습문제

보기와 같이 아래의 단어를 알맞은 형태로 바꾸어 문장을 완성하시오.
보기. Хоол идмээр байна - Идмээр хоол.

(1) Музей үзмээр байна. - ....
(2) Сонин уншмаар байна. - ....
(3) .... - Сонсмоор хөгжим.
(4) .... – Дуулмаар дуу.

〚9장〛 동사 시제어미의 사용법

몽골어의 동사의 시제어미는 서술어의 끝부분에 결합하여 문장을 끝맺는 기능을 수행하는 문법형태다. 동사 시제의 경우 일반적으로 몽골어를 배우는 외국인 학습자들은 과거 시제 -лаа⁴, -сан⁴, -в 어미와 현재시제 -ж байна, 그리고 미래 시제 -на⁴를 구분 못 하는 경우들이 많다.

현대몽골어의 과거 시제어미는 -сан⁴ (직접 인식한 과거), -лаа⁴(직접 인식한 가까운 과거), -в(직접 인식한 먼 과거)로 분류할 수 있다. -сан⁴은 화자 스스로가 직접 목적한 행위를 나타내는 과거시제어미이며, -лаа⁴는 화자가 직접 목격한 행위를 나타내는 가까운 과거시제어미이다. 한편, 가까운 미래시제로도 쓰인다. -в는 구어에서는 평서문에서 거의 사용하지 않으며 의문문에만 남아있는 과거시제어미이다.

(1) Бат Туяад шинэ ном ирсэн тухай хэлсэн.
    바트는 토야에게 새 책이 온 것에 대해서 말을 했었다.
(2) Бат Туяад шинэ ном ирсэн тухай хэллээ.
    바트는 토야에게 새 책이 온 것에 대해서 말했다.
(3) Бат Туяад шинэ ном ирсэн тухай хэлэв.
    바트는 토야에게 새 책이 온 것에 대해서 방금 말했다.

(메모) 위의 예문에서 과거시제어미 각각의 형태는 과거시제를 나타냄과 아울러 '완료'라는 상의 의미를 나타냄으로써 여타의 다른 어미들과 달리 '시제-상' 의미로서의 차이를 갖는다. 하지만 다음과 같은 경우는 -сан⁴ 대신에 -лаа⁴와 -в를 대체하여 쓸 수 없다.

(1) 나는 1980년 1월에 태어났다.
(O) Би 1980 оны 1 сард төрсөн.
(X) Би 1980 оны 1 сард төрөв.
(X) Би 1980 оны 1 сард төрлөө.

(2) 볼드가 몽골에 갔습니까? - 갔었다.
(O) Болд Монгол явсан уу? - Явсан.
(X) Болд Монгол явав уу?   - Явав.
(X) Болд Монгол явлаа юу? - Явлаа.

그러나 위의 문장에서 해당어미가 과거시제를 나타냄과 아울러 '직접인식 가까운 과거(근접과거)'라는 기본의미를 나타내는 경우에는 –лаа를 사용할 수 있다. 예를 들면:

볼드가 방금 몽골로 갔니?   -방금 갔어.
(О) Болд Монгол явлаа юу?   - Явлаа.

(주의할 점) -лаа는 어떤 경우에 문맥에 따라 아주 가까운 미래 시제(근접미래)를 나타내기도 한다. 이 경우에는 현재 또는 곧 수행하려고 하는 행위를 분명하게 인식하게 하는 의미를 나타냄으로써 의미상으로는 미래 시제처럼 보이지만 형태상으로는 과거시제를 취하게 된다. 예를 들면:

(1) Би Монгол явлаа.
    나는 지금(곧) 몽골에 갈 것이다.
(2) Чи юу хийх гэж байна – Би ном уншлаа.
    너는 뭐 하려고 하니? – 나는 책을 읽을거야.
(3) Бат одоо хичээлээ хийлээ гэнээ.
    바트는 이제서야 공부한다고 한다.
(4) Би энэ сандал дээр суулаа шүү.
    내가 이 의자 위에 앉을게.

연습문제
다음 밑줄 친 곳에 적합한 어미를 연결하여 문장을 완성하시오.

(1) Та хэдэн оны хэдэн сард төр... бэ?
(2) Дуучин Сараа дөнгөж сая охинтой бол....
(3) Би яг одоо гэр лүүгээ яв...
(4) Би түрүүлээд хоолоо ид... шүү.

과거시제의 부정형(үгүйсгэх хэлбэр)
과거 시제어미는 동사 어간에 -аагүй[4]를 취하거나 과거 시제어미 -сан[4]에 -гүй를 덧붙여 과거시제 부정의 의미를 나타낸다. 몽골어 과거시제의 부정형은 한국어의 부정법인 단형부정 '못', '안'과 장형부정의 '지 않다'로 옮길 수 있다.

- (1) Би өчигдөр гэрийн даалгавраа хийж амжаагүй.
  나는 어제 숙제를 못 했다.
- (2) Ангид хүн байсангүй.
  교실에 사람이 없었다.
- (3) Би гэрийн даалгавар өгснийг мэдсэнгүй.
  나는 숙제가 있었던 것을 몰랐다.
- (4) Баярын шоунд олон хүн ирээгүй.
  축제에 사람들이 많이 모이지 않았다.

한편 몽골어 형동사형어미(-x, -сан, -даг, -маар, -аа)의 과거시제 -сан⁴에는 부정의 어미를 연결할 수 있지만 동일한 과거시제 -лаа⁴와 -в어미에는 부정(uguisgex)의 어미를 연결할 수 없다.

- (1) Энэ бол миний уншсан ном.
  이것은 내가 읽은 책이다.
- (2) Чиний өмссөн хувцас их зохиж байна.
  네가 입은 옷이 잘 어울린다.

현재시제어미 -ж байна과 미래시제어미 -на⁴

동사 어간에 현재를 나타내는 동사종결어미 -ж байна을 연결하여 현재시제를 나타내고, 미래를 나타내는 동사 종결어미 –на⁴를 연결하여 미래시제를 나타낸다.

- (1) Ээж дэлгүүр явж байна.
  어머니가 백화점으로 가고 있다.
- (2) Ээж дэлгүүр явна.
  어머니는 백화점에 갈 것이다
- (3) Туяа Улаанбаатарт амьдарч байна.
  토야는 올란바타르에 살고 있다.
- (4) Туяа Улаанбаатарт амьдарна.
  토야는 올란바타르에서 살 것이다.

현재시제어미와 미래시제어미의 부정

현재시제 부정은 -аагүй⁴ байна/-хгүй байна를, 미래시제의 부정 어미는 -хгүй⁴를 취한다.

   1.(a) Туяа гэрээсээ гараагүй байна.
        토야는 집에서 나가지 않고 있다.
    (b) Туяа гэрээсээ гархгүй байна.
        토야가 집에서 나가지 않고 있다.
    (c) Туяа гэрээсээ гархгүй.
        토야는 집에서 나가지 않을 것이다.

   2.(a) Бат намд элсээгүй байна.
        바트는 당에 가입하지 않고 있다.
    (b) Бат намд элсэхгүй байна.
        바트는 당에 가입 안하고 있다.
    (c) Бат намд элсэхгүй.
        바트는 당에 가입하지 않을 것이다.

(메모) 현재시제 부정법은 과거와 미래시제의 부정 형태 둘 다 쓸 수 있으며, -аагүй⁴ байна는 '아직 ~지 않고 있다'와 -хгүй байна에서는 '~ 안하고 있다'의 의미를 각각 가리킨다.

현재진행시제어미와 미래시제어미를 <u>형동사형어</u>로 사용하기

몽골어의 형동사형어(한정연결어미)라 함은 시제를 나타내는 면에서는 동사로, 뒤의 명사를 꾸미는 면에서는 형용사로 쓰이는 문법형태를 가리킨다. 현재진행시제의 형동사는 -ж байгаа를, 부정의 의미를 갖는 형동사는 -аагүй⁴ байгаа/-хгүй байгаа를 취한다. 또한 미래시제의 형동사는 동사 어간에 -х를, 미래시제의 부정의 의미를 갖는 형동사는 -хгүй⁴를 취한다.

   1. (a) Бат бол сайн сурч байгаа хүн.
        바트는 잘 배우고 있는 사람이다.
    (b) Бат бол сайн сурахгүй байгаа хүн.
        바트는 잘 배우지 못 하고 있는 사람이다.

(c) Бат бол сайн сурах хүн.
   바트는 잘 배울 수 있는 사람이다.
(d) Бат бол сайн сурахгүй хүн.
   바트는 잘 배우지 못 할 사람이다.

2. (a) Энэ цэцэг сайн ургаж байгаа цэцэг.
   이 꽃은 잘 자라고 있는 꽃이다.
   (b) Энэ цэцэг сайн ургахгүй байгаа цэцэг.
   이 꽃은 잘 자라지 못 하고 있는 꽃이다.
   (c) Энэ цэцэг сайн ургах байгаа цэцэг.
   이 꽃은 잘 자랄 수 있는 꽃이다.
   (d) Энэ цэцэг сайн ургахгүй цэцэг.
   이 꽃은 잘 자라지 못 할 꽃이다.

연습문제
다음 문장들에 알맞은 어미를 붙이시오.

(1) Би өнөөдөр ханиад хүрээд хичээлдээ явсан....
(2) Чиний ав.... ном юуны тухай ном бэ?
(3) Чамд уншиж үз..... үлгэр ном бий юу?
(4) Манай дүү ойрд хичээлээ сайн хий ....
(5) Хэрэглэ...... .... зүйлсээ агуулахад хураа.
(6) Энэ машин ас(а)..... юм шиг байна.
(7) Ойрд мөнгөний ханш ун(а).... юм шиг байна.
(8) Хичээлдээ ява... юу хийж байгаа юм бэ?
(9) Машины түлхүүрээ хэрэглэх.... юм бол надад түр зээлээч.
(10) Цаг агаарын байдал тогтворж(и)..................

〖10장〗 격어미와 재귀어미 표현법

　몽골어에는 8개의 격어미가 있으며 각각의 격어미들은 제각기 재귀어미를 취하며 다양한 의미기능을 갖는다. 몽골어의 하나의 독특한 형태라고 할 수 있는 재귀어미는 한국어에 쓰이지 않는 용법이라 어리둥절해지는 수가 많다. 이 중에서 주요하다고 생각되는 것을 추려내어 다루어 볼까 한다.

　몽골어의 재귀어미는 일반재귀어미와 인칭재귀어미로 구분할 수 있고, 그 사용법은 다음과 같다. 일반재귀어미 -aa^{4}는 주격 이외의 다른 모든 격어미 뒤에 연결되어 그 단어가 동작주(주어)에 소속되는 즉 <~자신의> 라는 의미를 갖게 된다. 인칭재귀어미는 문장에서 минь(1인칭), чинь(2인칭), нь(3인칭)과 같은 각 인칭에 대한 재귀소유의 의미를 갖게 된다.

　　(1) 나는 (내)동생을 데리고 도서관으로 갔다.
　　(O) Би дүүгээ дагуулаад номын сан руу явсан.
　　(X) Би дүүг(미지칭) дагуулаад номын сан руу явсан.

　　(2) 너는 (너의) 어머니에 대해 소개해주렴.
　　(O) Чи ээжийгээ танилцуулаач.
　　(X) Чи ээжийг(미지칭) танилцуулаач.

　　(3) 제 아버지는 의사입니다.
　　(O) Аав минь эмч хүн л дээ.
　　(X) Аав эмч хүн л дээ.

　　(4) 너의 언니가 방금 전에 다녀 갔다.
　　(O) Эгч чинь түрүүхэн ирээд явсан.
　　(X) Эгч(내 언니) түрүүхэн ирээд явсан.

(메모) 재귀어미를 쓰는 것과 쓰지 않은 것이 위에서 보았듯이 많은 경우에 문장의 의미가 바뀐다. 따라서 격어미들에 대한 표현법을 익힐 때 재귀어미와 함께 외워두는 것이 몽골어 작문을 하는데 도움이 된다.

1. 주격

몽골어 주격어미는 따로 어미를 갖지 않는다.

(1) Миний аав эмч. = Аав маань эмч.
   나의 아버지는 의사이다.
(2) Бат, Туяа хоёр найзууд.
   바트와 토야는 친구이다.

(메모) 외국인 학습자들은 처음에 몽골어를 배울 때 문장에서 주어임을 나타내기 위해서 많이 쓰이는 몽골어 명사의 한정형 (주격표지) нь과 бол의 사용법을 구분 못하여 흔히 실수를 하게 된다.
  한편으로 нь과 бол을 사용하는 많은 경우가 아래 (3)의 예문과 같이 주격어미와 동일하게 쓰이지만 또 많은 경우(예문 4,5)에 몽골어로 옮기기가 매우 까다롭다. 예를 들면:

(3) 바트의 아버지는 선생님이다.
 (О) Батын аав багш.
 (О) Батын аав бол багш.
 (О) Батын аав нь багш.

(4) 해가 뜨고 있다.
 (О) Нар ургаж байна.
 (Х) Нар нь ургаж байна.

(5) 바트와 토야가 학교로 갔다.
 (О) Бат, Туяа нар сургууль руугаа явлаа.
 (Х) Бат, Туяа нар бол сургууль руугаа явлаа.

(메모) 문장에서 서술어가 명사인 경우 нь과 бол을 쓰고 서술어가 동사인 경우에는 нь과 бол을 쓰지 않은 것이 옳은 방법이다.

2. 속격: ~의

  몽골어 속격어미는 -ын/-ийн, -ы/-ий, -н 등이 있다. -ын/-ийн을 단모음 또는 자음으로 끝나는 남성모음 뒤에 -ын을, 여성모음 으로 끝나는 단어 뒤에 -ийн을 연결한다

Батын гэр, аавын ажил, ээжийн цүнх.

(메모) 몽골어 속격에서 외국인 학습자들이 어려움을 토로하는 문제는 일부 단어에서 어말자음이 숨은 -н으로 끝나는 경우 -г-가 나타난다는 점이다. 고대몽골어에서 자음 н은 한국어처럼 경구개(ㄴ)와 연구개(ㅇ) 두 가지가 있었다. 이들 가운데 연구개 -н(ng~ㅇ)로 끝나는 단어에 속격어미를 취할 때 -г-가 나타난다. 현대에 와서 일부 단어에 이 두 어말자음을 혼용하여 쓰기도 하고, 러시아의 키릴 문자를 받아들인 1950년 이후에도 이를 구별하지 않고 쓰게 되면서 몽골어를 배우는 외국인 학습자들에게는 구분하기 어려운 문제가 되었다.

(1) Энэ байшин<u>гийн</u> будаг нь үнэхээр таалагдаж байна.
    이 건물의 색깔이 참 마음에 든다.

(2) Би 1984 он<u>ы</u> 3 сард төрсөн.
    나는 1984년의 3월에 태어났다.

위의 예문 (1)은 고대몽골어에서 연구개 н(ng)로 끝나는 단어의 대표적인 형태이다. 연구개 н(ng)로 끝나는 단어들은 고전몽골문자 사전에서 확인할 수 있으며, 이들 가운데 현대 몽골어에서 적극적으로 사용하는 어휘 몇 가지를 예를 들면 다음과 같다.

ан(г)ийн, хилэн(г)ийн, сан(г)ийн, лан(г)ийн, ган(г)ийн, шон(г)ийн, хун(г)ийн, тариалан(г)ийн, дүн(г)ийн, шан(г)ийн

(메모) -ы/-ий는 장모음이나 이중모음으로 끝나는 단어에 취하며 어중에 -n이 나타난다. *Тэмээний бөх, ширээний хөл, борооны дараа* 등등.
한편 -ы/-ий는 고대몽골어의 어말에 -н이 있었던 모든 명사에 연결하며 이 경우에 고대에 존재했었던 숨은 -н이 나타난다. 몽골어를 처음 배우는 학습자들에게는 이러한 예들이 적지 읺기 때문에 그것을 일일이 배우지 않으면 안되고 한편으로 어렵게 느껴지는 것이다. 역시 부단히 예외들을 익히는 연습만이 실수를 줄일 수 있다고 본다. 이러한 예외는 고전몽골 문자를 모르는 요즘 젊은 몽골 사람들도 잘 못 옮기는 경우가 더러 있다. 예를 들면:

(1) 몽골어의 많은 명사들이 고대에는 –н로 끝났었다.
(O) Монгол хэл<u>ний</u> олонх нэр үг нь эрт цагт -н-ээр төгсдөг байжээ.

(X) Монгол хэл**ийн**

(2) 교통 체증이 몽골 사람들의 치아질환을 유발시키고 있다.
(O) Замын бөглөрөө нь монголчуудын шүд**ний** өвчин болж байна.
(X) шүд**ийн** өвчин

(연습) 고대몽골어에서 어말에 숨은 -н이 있었던 다음 단어들에 어미 -ы/-ий를 취하여 문장을 완성하시오.

нар(н)...
ор(н)...
мод(н)...
алт(н)...
хэл(н)...
алга(н)...
мори(н)...
хони(н)...
ямаа(н)...
тэмээ(н)...
хоол(н)...
цас(н)...
уул(н)...
мөс(н)...
бороо(н)...

(문법 설명) 속격어미에 재귀어미 -аа⁴를 취할 때 재귀어미 앞에 *x*가 나타난다.

(1) Би ээжийн**х**ээ хийсэн хоолонд дуртай.
   나는 (내)어머니가 만든 음식을 좋아한다.
(2) Залуучууд бид улс**ын**х**аа** хөгжилд хувьд нэмрээ оруулах ёстой.
   젊은 사람들이 나라의 발전에 중추적인 역할을 하여야 한다.

3. 여처격

여처격 어미는 -д/-т이며 한국어의 '-에게/-한테, -에/-에(서)'에 대응된다. -т는 в, г, р, с로 끝나는 단어에, -д는 в, г, р, с 이외의 자음으로 끝나는 단어에 연결한다. 위에서 언급했듯이 고대몽골어 명사 어말에 숨은 -н이 있었던 단어들에 -д를 취할 때 역시 -н이 나타난다.

наранд, оронд, модонд, алтанд, хэлэнд, алганд, моринд, хонинд, ямаанд, тэмээнд, хоолонд 등등.

또한 여처격 어미의 뒤에 재귀 어미를 바로 취한다.

(1) Бат мориндоо мордлоо.
    바트가 (자신의) 말에(을) 탔다.
(2) Намайг ирээд явсан гэж авдаа хэлээрэй.
    내가 왔다 갔다고 (너희) 아버지에게 전해 주렴.

4. 대격

몽골어의 대격 어미는 *-ыг/-ийг, -г* 등이 있다. *-ыг*는 단어의 끝이 단모음 또는 자음으로 끝나는 남성모음어에 연결하며, *-ийг*는 단어의 끝이 단모음 또는 자음으로 끝나는 여성모음어에 연결한다. 한편 -г는 장모음과 이중모음 또는 고대몽골어의 연구개 *-нг*로 끝나는 단어에 바로 취한다. 그리고 아래와 같이 인칭재귀어미 앞에서 *-ы/-ий*라는 이차적 형태가 나타난다.

(1) 형을 아버지가 찾고 있다고 전해주렴.
    a. Ахыг аав дуудаж байна гээд дамжуулж өгөөч.
    b. Ах<u>ы минь</u> аав дуудаж байна гэж дамжуулж өгөөч.

(2) 너의 노트를 내일 주마.
    a. Чиний дэвтрийг маргааш өгье.
    b. Дэвтр<u>ий чинь</u> маргааш өгье.

(메모) 몽골어의 대격어미는 문장에서 격어미를 꼭 쓰지 않더라도 ∅ (영형태)로 나타날 수 있다. 이 경우는 '어떤, 무엇을'이라는 질문에 대한 답으로 주로 쓰인다.

(1) Би сонин уншиж байна.
    내가 신문을 읽고 있다.
(2) Батын аав сонирхолтой ном авчирсан.
    바트의 아버님이 재미있는 책을 갖고 왔다.

5. 탈격

-aac⁴는 고대몽골어의 숨은 -н으로 끝나는 단어에 취하면 그 탈락된 -н이 나타나며 또한 고대몽골어의 후설 연구개음 -нг로 끝나는 단어에 취하면 어미 앞에 -г가 나타난다.

(1) Би Монголоос ирсэн.
나는 몽골에서 왔다.

(2) Тэр эмэгтэй байшингаас гарч явна.
그 여자가 건물에서 나가고 있다.

(3) Би есөн сарын хоёрноос эхлээд сургуульдаа явна.
나는 9월 2일부터 학교에 갈 것이다.

(메모1) 한편 몽골어의 탈격어미 -aac는 탈격 이외에도 비교격 등의 다양한 의미를 나타낸다.

(4) Цаснаас цагаан, цуснаас улаан.
눈보다 하얀, 피보다 더 빨간.

(5) Туяа Нараагаас хөөрхөн.
토야가 나라보다 예쁘다.

(메모2) 어미 -aac는 주격어미의 존대 형태를 나타난다. 공공 기관이나 단체에서 공문서 등을 작성할 때 -aac를 사용하며 이때는 주격어미와 똑같은 뜻을 나타낸다.

(6) 정부<u>에서</u> 공식 성명을 발표 했다.
(O) Засгийн газр<u>аас</u> мэдэгдэл хийв.
(O) Засгийн газар мэдэгдэл хийв.

(7) 대통령께서 말씀 하셨다.
(O) Ерөнхийлөгч<u>өөс</u> үг хэлэв.
(O) Ерөнхийлөгч үг хэлэв.

6. 조격(도구격)

몽골어의 도구격 -аар⁴는 고대몽골어의 후설 연구개음 -нг로 끝나는 단어나 장모음으로 끝나는 단어에 취하면 격어미 앞에 –г가 나타난다.

(1) Энэ ширээг модоор хийсэн.
    이 식탁을 나무로 만들었다.

(2) Сүүгээр цай сүлдэг.
    우유로 우유차를 끓인다.

또한 조격어미에 재귀어미를 바로 취한다.

(3) Гэрээрээ дайраад сургууль явна.
    (나의) 집에 잠깐 들르고 학교로 갈 것이다.

(4) Би бага байхдаа өвөөгөөрөө үлгэр яриулдаг байсан.
    내가 어렸을 때 할아버지로 하여금 옛날 이야기를 들려주시곤 했다.

7. 공동격 -тай/-тэй/-той

몽골어 공동격어미는 한국어의 '-와/-과'에 대응하며 문장에서 대부분의 경우 хамт(함께), цуг(같이), адил(같은) 등의 단어와 같이 쓰인다.

(1) Надтай хамт манай руу явцгаая.
    나와 함께 우리 집에 가자.

(2) Багштай цуг хичээл хийх ёстой.
    선생님과 같이 공부 해야 한다.

(3) Энэ хувцас миний хувцастай адил юм.
    이 옷은 내 옷과 똑같다.

(메모) 한편 -тай/-тэй/-той 어미는 형용사를 파생하는 '~이 들어 있는, ~을 가진'의 의미를 나타내기도 한다. 문장에서 부정어미 –гүй를 연결하면 '~이 없다'는 의미를 나타낸다. 또한 공동격어미는 의미상 -гүй로 바뀔 수 없으

며 어미 뒤에 재귀어미를 취하는 반면 -тай/-тэй/-той 뒤에는 재귀어미가 오지 않는다.

(4) Би аавтайгаа кино үзэхээр явлаа.
(О) 나는 (나의) 아버지와 함께 영화(를) 보러 갔다.
(5) Туяа ангийнхантайгаа үдэшлэгт явна.
(О) 토야는 (자신의) 학과 학생들과 같이 파티에 갈 것이다.

(6) a. Манай нутагт модтой уул их бий.
   우리 고향에는 나무가 있는 산이 많다.
b. Манай нутагт модгүй уул их бий.
   우리 고향에는 나무가 없는 산이 많다.

8. 방향격 'руу/рүү, луу/ лүү'

방향격어미는 모든 명사 뒤에 올 수 있으며 재귀격 어미를 취할 수 있다.

(1) Маргааш бид сургууль руугаа явна.
   내일 우리는 (우리가 다니는) 학교로 갈 것이다.
(2) Манай ангийнхан Батын гэр лүү нь очсон.
   우리 학과 학생들은 바트의 집으로 갔다.

(외우기)
현대 몽골어에서 격어미를 취할 때 연구개음 -г가 나타나는 단어들

амгалан(г)
ан(г)
баасан(г)
байшин(г)
бантан(г)
баясгалан(г)
бөжин(г)
булан(г)
буйдан(г)
ваадан(г)
ван(г)
ган(г)
гаслан(г)
гэлэн(г)
дацан(г)
доголон(г)
дугуйлан(г)
еэвэн(г)
зайран(г)
замбуулин(г)
зовлон(г)
зуслан(г)
жавхлан(г)
жаргалан(г)
жин(г)
лоозон(г)
лууван(г)
мэнэн(г)
нэн(г)
омголон(г)
ороолон(г)
орчлон(г)
өлсгөлөн(г)
пийшин(г)
пүн(г)
саван(г)
сан(г)
соёолон(г)
сонсголон(г)
сэргэлэн(г)

тавилан(г)
тариалан(г)
төмпөн(г)
хаван(г)
хадлан(г)
хонзон(г)
хөвөн(г)
хувин(г)
хүрэн(г)
хязаалан(г)
урлан(г)
үзэсгэлэн(г)
цалин(г)
цатгалан(г)
цуйван(г)
цутгалан(г)
шаазан(г)
шон(г)
шорон(г)
шүдлэн(г)
эдлэн(г)
эн(г)
яндан(г

〚11장〛 합성동사의 사용법

몽골어에는 합성동사가 몇 가지 방법으로 이루어지며 합성동사는 문장에서 여러 양태의 의미를 나타내는 중요 기능을 갖는다.

бай-/бол- 로 연결된 합성동사

бай-/бол- 동사로 연결된 합성동사는 문장에서 과거시제와 현재시제 그리고 미래시제 어미에 бай-/бол- 동사를 취한다.

-x бол-
(1) Бат өнөөдөр сургуульдаа явна.
 바트는 오늘 학교로 갈 것이다.
(2) Бат өнөөдөр сургуульдаа явах болно.
 바트는 오늘 학교로 꼭 갈 것이다.
(3) Бат өнөөдөр сургуульдаа явах болж байна.
 바트는 오늘 학교로 갈 시간이 다 되고 있다.
(4) Бат өнөөдөр сургуульдаа явах болсон.
 바트는 오늘 학교로 가게 되었다.

(메모) 위의 예문에서 (1)은 미래 시제를, (2)(3)(4)는 화자의 양태(baimj) 의미를 나타내고 있다. 아울러 явах는 미래 시제를 가리킴과 동시에 후행하는 бол- 동사 뒤에 미래, 현재, 과거시제 어미를 취하여 미래에 이루어질 일을 추측하거나 또는 진행 과정, 결의 등의 의미를 나타낸다. 또한 의문문에서와 부정문에서도 다음과 같이 사용된다.

(1) a. Бат аа, сургууль явах уу?
 바타! 학교로 갈까?
 b. Бат сургууль явах бол уу?
 바트가 학교에 갈는지?

(2) a. Туяа, хоолоо хийх үү?
 토야! 밥을 할까?
 b. Туяа хоолоо хийх бол уу?
 토야가 밥을 할는지?

(메모) 위의 예문에서 1(a)와 2(a)는 제2자에게 직접 묻고 있는 것을 보여

주며, 1(b)와 2(b)는 제3자의 심리상태에 대해 다른 누구에게 확인하는 의미를 나타낸다.

(문법) 부정법을 나타낼 때 '미래 시제 -x + гүй + 시제 어미'라는 구조를 갖는다.

   (1) Өнөөдөр номын сан явахгүй болов уу?
       오늘 도서관 가지 않겠지?
   (2) Чи үдээш хойш эмчлүүлэхгүй болсон уу?
       네가 오후에 치료 받지 않게 되었니?

-х бай-
   (1) a. Би чамайг ирэхэд байна.
       나는 네가 올 때 있을 것이다.
     b. Би чамайг ирэхэд байх байх.
       나는 네가 올 때 있을 것 같다.
   (2) a. Бат зээлсэн мөнгөө өгнө.
       바트는 빌린 돈을 줄 것이다.
     b. Бат зээлсэн мөнгөө өгөх байлгүй дээ.
       바트는 빌린 돈을 분명히 줄 것이다.

(메모) 위의 예문에서 (1a)와 (2a)는 일반 미래시제를 나타내며, `(1b) 와 (2b)에서는 '-x + бай + 동사 어미'를 취하여 미래에 될 일을 추측하는 양태의미를 나타낸다.

-сан бай/-сан бол-

   (1) Өнөөдрийн сонинд чиний тухай мэдээ гарсан.
       오늘 신문에 너에 대한 뉴스가 나왔다.
   (2) Өнөөдрийн сонинд чиний тухай мэдээ гарсан байна.
       오늘 신문에 너에 대한 뉴스가 나와 있다.
   (3) Өнөөдрийн сонинд чиний тухай мэдээ гарсан байсан.
       오늘 신문에 너에 대한 뉴스가 실려 있었다.

(메모) 과거시제는 일반적으로 사건시가 발화시에 선행하는 시간표현으로 규정되고 있다. 예문 (1)에서 보듯이 동사 гар- 어간에 과거시제 어미를

바로 취한 경우는 신문에 그 기사를 쓴 사람이나 담당자가 상대방에게 직접 알려주는 과거시제 형태이며, (2)의 과거 시제 어미를 갖는 동사와 현재 시제로 끝나는 합성동사의 형태는 과거에 발생한 일을 화자가 현재 시점에서 신문을 직접 읽으며 전달하는 경우의 발화이다. (3)에서는 발화시가 참조시인 절대 기준시에서 발화시와 밀접하게 연결된 가까운 과거를 가리킬 때 흔히 쓰인다.

연습문제
다음 문장들을 잘 읽고 두 문장의 의미상의 차이점에 대해 설명하시오.

1. Батаа, өнөөдөр бас ажилтай юу?
2. Бат өнөөдөр бас ажилтай бол уу?
3. Баярын ярьсан үлгэрийг санаж байна уу?
4. Баярын ярьсан үлгэрийг санасан уу?
5. Хурлын зар тараасан.
6. Хурлын зар тараасан байсан.
7. Түүний зургийг сургуулийн вэб сайтаас харсан.
8. Түүний зургийг сургуулийн вэб сайтаас харсан байсан.
9. Ерөнхийлөгчтэй хамт албаны бусад хүмүүс байсан.
10. Ерөнхийлөгчтэй хамт албаны бусад хүмүүс байсан байна.

-ж/-ч/-н로 연결된 합성동사
a. 비슷한 의미를 갖는 동사들에 대등연결어미(병렬/공동/지속) -ж/-ч/-н/-caap를 연결하여 그 두 동사의 의미를 더 강하고 구체적으로 드러내는데 사용한다.

(1) Болор, Туяа хоёр одоо ч уулзаж учирсаар байна.
볼로르와 토야가 지금도 친하게 지내고 있다.
(2) Болор, Туяа хоёр одоо ч уулзаж байна.
볼로르와 토야가 지금도 만나고 있다.
(3) Болор, Туяа хоёр одоо ч учирсаар байна.
볼로르와 토야가 지금도 자주 만나고 있다.

(메모) уулзах와 учрах라는 두 유의동사는 각각 문장에서 간단한 일차적 의미를 나타낸다. 그러나 대등연결어미 –ж를 연결하여 쓰면 각각의 단어에

의미적 강세가 더해져 더 구체적이고 강한 의미를 나타낸다. 또한 문장에서 같은 동사를 반복하여 쓰는 경우에도 -ж/-ч/-н로 연결한다.

    (4) Болд яван явсаар гэртээ хүрлээ.
        볼드는 가고 가서(계속 걸어 가서) 집에 도착했다.
    (5) Багшийн хэлсэн үгийн утгыг бодож бодож оллоо.
        선생님께서 하신 말씀의 의미를 생각하고 또 생각하여 (마침내) 이해했다.

연습문제

아래의 유의동사들을 대등연결어미 -ж/-ч/-н로 연결하여 문장을 완성하시오.

    (1) Оюутнууд олон өдөр наргив(학생들이 며칠간 계속 즐겼다).
        Оюутнууд олон өдөр цэнгэв(학생들이 며칠간 축제를 즐겼다).
        ....
        (학생들이 며칠간 아주 흥겹게 놀았다.)

    (2) Би хэдэн өдрийн турш аавын хэлснийг бодов(생각했다).
        Би хэдэн өдрийн турш аавын хэлснийг тунгаав(고민했다).
        ....
        (나는 며칠 동안 아버지가 하신 말씀을 계속 되뇌어 ....)

    (3) Би өнөөдөр гэрийн даалгавраа хий.... хий.... дууссангүй.
        ....
        (나는 오늘 숙제를 계속 하고도 끝내지 못 했다).

b. 다른 의미를 갖고 있는 두 동사를 대등연결어미 -ж/-ч/-н로 연결하여 두 행위가 동시에 발생하거나 계속해서 진행되는 것을 나타낸다.

    (1) Туяа яарсандаа байн байн босч сууна.
        토야가 급한 마음에 안절부절 못하고 있다.
    (2) Дүү маань алхаж явсан.
        내 동생은 걸어서 갔다.
    (3) Засгийн газрын яамдын тухай хэлэлцэж дууслаа.
        정부 각 부처들에 대해 토의하면서 (회의가) 끝났다.

(4) Бат гэнэт дуулж бүжиглэж гарлаа.
   바트가 갑자기 노래하고 춤추며 나갔다.

(문법) 한편 몽골어의 명사는 아래와 같이 공동연결어미 -н로 연결되는 일부 합성동사들에서 파생된다.

хүлээн авах – хүлээн авалт
тойрон аялах – тойрон аялал
үзүүлэн таниулах – үзүүлэн таниулалт
хянан шалгах – хянан шалгалт
арвилан хямгадах – арвилан хямгадалт
сурган хүмүүжүүлэх – сурган хүмүүжил
харилцан ярих – харилцан яриа
нягтлан бодох – нягтлан бодох
өөрчлөн байгуулах – өөрчлөн байгуулалт
бүтээн босгох – бүтээн босголт
хайрлан хамгаалах – хайрлан хамгаалагч
халамжлан хүмүүжүүлэх – халамжлан хүмүүжүүлэгч
асран хамгаалах – асран хамгаалагч
батлан хамгаалах – батлах хамгаалах

(주의할 점) 몽골어의 공동연결어미 -н로 연결된 많은 합성동사의 경우 병렬연결어미 -ж/-ч로 연결된 복합술어처럼 사용되고 있으며 이들 합성동사에서 명사가 파생된 것은 위와 같은 몇 가지 예에서만 볼 수 있으니 위의 예들을 반드시 익혀야 한다.

өг-/ав-을 갖는 합성동사

몽골어에서는 өг-/ав-를 취하는 합성동사가 많이 사용된다. өг-를 갖는 합성동사는 '~해 준다'의 의미를 나타내며, ав-를 갖는 합성동사는 '~를 얻다, ~를 갖다(받다)'의 의미를 나타낸다.

(1) Би өгүүлэл бичиж өгнө.
   내가 논문을 써 주겠다.
(2) Та миний хувцасыг өлгөж өгөхгүй юу.
   선생님 제 옷 좀 걸어 주시겠어요.
(3) Та өөрийнхөө нэрийг бичээд өгчих.
   당신 본인의 이름을 써 주세요.

(4) Бид олон шинэ юм мэдэж авлаа.
　　우리는 다양한 새로운 지식을 얻었다.
(5) Та 15 минут болоод ирж аваарай.
　　당신은 15분 뒤에 와서 찾으세요.

또한 구어체에서 다음과 같은 합성동사에서 이루어진 동사들이 있다.

(1) Би аваад ирье(*авчиръя*).
　　내가 갖고 올게.
(2) Туяа хоол хийж байна(*хийжийнэ*).
　　토야가 밥을 하고 있다.

〖12장〗 동사태 사용법

사동태어미(Үйлдүүлэх хэв) -уул²/-га⁴/-аа⁴

일반적으로 몽골어 동사들은 -уул²/-га⁴/-аа⁴ 등의 사동태어미를 취하여 타동사를 형성한다. 즉, 문장에서 주어는 항상 대격어미(-ыг/-ийг/-г)나 대격어미의 ∅ 형태로 나타난다. 또한 격어미 -аар⁴를 취할 수 있다.

(1) a. Би захиа бичсэн.
   나는 편지 썼다.
   b. Би захиа(г) бичүүлсэн.
   내가 편지를 쓰게 했다.

(2) a. Би Болдтой уулзсан.
   나는 볼드와 만났다.
   b. Би Болдыг Туяатай уулзуулсан.
   나는 볼드를 토야와 만나게 했다.

동사 어간에 -уул²/-га⁴/-аа⁴어미를 취하여 행위주가 직접 하는 행동이 아닌 다른 동작자에게 어떤 동작을 하게 만드는 것으로 '~게 하다'라는 작용을 나타낸다.

연습문제

다음 -уул²/-га⁴/-аа⁴를 취하는 단어들을 외우시오.

∅ + -уул²	∅ + -га⁴	∅ + -аа⁴
алхах – алхуулах	асуух – асуулгах	амрах – амраах
бичих – бичүүлэх	буух – буулгах	бүт – бүтээх
даарах – даарулах	заах – заалгах	өнгөрөх – өнгөрөөх
идэх – идүүлэх	зөөх – зөөлгөх	хатах – хатаах
мартах – мартуулах	нээх – нээлгэх	тарах – тараах
орох – оруулах	хаах – хаалгах	тогтох – тогтоох

оролцох – оролцуулах   хийх – хийлгэх   сөнөх – сөнөөх

унтах – унтуулах   хүлээх – хүлээлгэх   сэрэх – сэрээх

угтах – угтуулах   тогтоох – тогтоолгох   удах – удаах

уулзах – уулзуулах   угаах – угаалгах   цангах – цангаах

суралцах – суралцуулах   уух – уулгах   ядрах – ядраах

연습문제

아래 보기와 같이 위 단어들에서 6개를 선택하여 문장을 만들어 보시오.

(보기) a. Би өглөө 7 цагт сэрсэн.

나는 아침 7시에 일어났다.

b. Ээж намайг өглөө 7 цагт сэрээсэн.

어머니가 나를 아침 7시에 일어나게 했다(깨웠다).

(메모) -уул² 어미는 주로 단모음이나 자음으로 끝나는 단어에 취하며 -га⁴는 자음 р, л, д(т), с로 끝나는 단어에, -аа⁴는 자음으로 끝나는 단어(고전몽골어의 단모음으로 끝나는 단어들)에 취한다. 이밖에도 장모음이나 이중모음으로 끝나는 단어에 취하는 -лга⁴ 형태가 있다. 예를 들면:

(1) a. Би өнөөдөр гэртээ байсан.

나는 오늘 집에 있었다.

b. Би өнөөдөр Батыг гэртээ байлгасан.

나는 오늘 바트를 집에 있게 했다.

(2) a. Багш хичээл зааж байна.

교수님이 수업을 가르치고 있다.

b. Багшаар хичээл заалгаж байна.

교수님으로 강의를 하게 했다.

연습문제

다음 단어들을 활용하여 올바른 문장을 만들어 보시오.

1. байх - байлгах
2. булаах - булаалгах
3. заах - заалгах
4. суух - суулгах
5. харайх - харайлгах
6. хөөх - хөөлгөх
7. хийх - хийлгэх
8. уух - уулгах

공동태/상호태 -лд/-лц

두 가지 이상의 행위를 나타낼 때 동사 어간에 -лд/-лц를 취하며 이때는 주어가 복수의 의미를 갖는다.

(1) a. Бат ярьж байна.
    바트가 이야기 하고 있다.

  b. <u>Бат Туяа хоёр</u> ярилцаж байна.
    바트와 토야 둘이서 이야기를 나누고 있다.

(2) a. Ангид хүн инээж байсан.
    교실에 사람이 웃고 있었다.

  b. Ангид <u>олон хүн</u> инээлдэж байсан.
    교실에 여러 사람이 웃고 있었다.

연습문제

다음 문장들에 알맞은 어미를 써서 문장을 완성하시오.

(1) Цэцэрлэгт хүрээлэнд хүмүүс хөгж..... байна.

(2) Бөхчүүд бари....сан.

(3) Дүү маань гүй.... ирэв.

(4) Хүүхдүүд гүй....ж тоглоно.

(5) Оюутнуудаа, маргааш Туяатай хамт хичээлээ хий...ээрэй.

(6) Туяа маргааш хичээлээ хий..........

-уул² + -га⁴ 와 -уул² + -уул² 반복형

몽골어의 독특한 하나의 특징이라고 할 수 있는 것은 동사태가 반복해서 나타나는 문법형태이다.

(1) a. Тэнд цаас шатаж байна.
   저기에 종이가 불타고 있다.

   b. Тэнд цаас шатааж байна.
   저기에 종이를 불타게 하고 있다.

   c. Тэнд цаас шатаалгуулж байна.
   저기에 종이를 불 타게 하도록 (어떤 사람한테) 시키고 있다.

(2) a. Оюутан илтгэл тавьсан.
   학생이 논문을 발표했다.

   b. Багш оюутнаар илтгэл тавиулсан.
   교수님이 학생에게(으로 하여금) 논문을 발표하게 했다.

   c. Багш оюутнаар илтгэл тавиулуулсан.
   교수님이 학생에게(으로 하여금) 논문을 발표토록 하였다.

(3) a. Би гэртээ хүрсэн.
   내가 집에 도착했다.

   b. Намайг гэрт хүргэсэн.
   나를 집에 데려다 주었다.

   c. Би гэртээ хүргүүлсэн.
   내가 집에 데려다 주게 했다.

(메모) 위에서 보듯이 능동태(өөрөө үйлдэх хэв)어미를 갖는 문장은 동사에 대한 동작의 주체가 스스로 한 일을 나타내는데 반해, 사동태(үйлдүүлэх хэв)는 일반적으로 주어 자리의 동작자가 딴 동작자에게 어떤 동작을 하게 만드는 것으로 '~게 하다'라는 작용을 가리킨다. 그리고 동사태의 반복형은 다른 동작자에게 행위를 하게 만드는 것이나 제3자에게 어떤 동작을 하게 한 것을 보여주거나 나타낸다.

동사태와 -чих 어미

동사의 어간이나 동사태에 -чих을 취하여 '~해 버리다'라는 강조의 의미를 나타낸다. 또한 -чих에 + на⁴, -ж байна, -сан⁴, -лаа⁴, -жээ/-чээ가 덧붙어 과거, 현재, 미래 시제를 나타낸다.

(1) Туяа гэрлүүгээ явчихжээ.
    토야가 집으로 가 버렸다.

(2) Тэр захиаг Монгол руу явуулчихсан гэнэ.
    그 편지를 몽골로 보내 버렸대.

(3) Би маргааш сургууль ороод ном уншчихна.
    내가 내일 학교 가서 책을 읽어 볼 터이다.

제3부 첨사류에서 주의할 점

〖13장〗 의문첨사 『бэ, вэ』.『уу, үү, юу, юү』의 사용법

몽골어 의문첨사의 형태는 한국어에 비해 비교적 많은 관계로 외국인 학습자들이 몽골어로 옮길 때 꽤 까다롭게 여기는 부분이다. 몽골어 의문문은 бэ, вэ, уу, үү, юу, юү 등의 첨사로 끝나며, 의문대명사인 хэн(누구), хаана9 어디(에), юу(무엇), аль(어느), хэд(몇), хэчнээн(얼마나), ямар(어떤) 등이 있는 의문문의 경우 бэ, вэ를, 의문대명사가 없는 경우 уу, үү, юу, юү를 사용한다.

(1) Чи аль нутгийнх вэ?
　　 당신은 고향이 어디십니까(어느 지역의 사람입니까)?
(2) Хэн хэн Монгол руу явсан бэ?
　　 누구 누구가 몽골로 갔습니까?
(3) Туяа Монгол явсан уу?
　　 토야가 몽골 갔니?
(4) Энэ сүү юү, айраг уу?
　　 이것은 우유입니까? 아이락(마유주)입니까?

(문법) уу/үү를 단모음이나 자음으로 끝나는 단에 뒤에, юу/юү는 장모음이나 이중모음으로 끝나는 단어 뒤에 사용한다. 예를 들어,

(1) 토야: Чамайг багш дуудаж байна.
　　　　너를 선생님이 찾으신다.
　　토올: Намайг уу?
　　　　나를?
(2) 토야: Болдоо, Оюунаа чамтай хичээл хийе гэнэ.
　　　　볼도! 오유나가 너와 같이 공부하제.
　　볼드: Надтай юу?
　　　　나와?

(메모) 아래와 같이 의문대명사 + бэ, вэ와 уу, үү, юу, юү를 한 문장 안에서 같이 쓰면 의미가 아주 달라진다.

(1) a. Энэ ном ямар үнэтэй вэ?
　　　이 책은 얼마입니까?
　 b. Энэ ном үнэтэй юу?
　　　이 책은 비쌉니까?
(2) a. Тантай сая уулзаж байсан тэр хүн хэн бэ?
　　　방금 당신과 만났던 사람은 누구입니까?
　 b. Тантай сая уулзаж байсан хүн Бат уу?
　　　방금 당신과 만났던 사람이 바트입니까?

(메모) 한편 구어체에서는 의문대명사와 의문첨사를 사용하지 않은 의문문도 있으며 이는 문맥에서 파악된다.

(1) Бат: Чи өнөөдрийн хичээлийг хийсэн үү?
　　　 너 오늘 수업 들었니?
　 Туяа: Хийсэн. Харин чи?
　　　 들었어, 너는?

(2) Багш: Энэ дасгалыг гэртээ хийцгээгээрэй, Ойлгосоон?
　　　 이 연습문제를 숙제로 하세요, 알겠죠?)
　 Оюутнууд:　За
　　　　　　 네.

(외우기) 다음의 의문대명사와 의문첨사들을 알아두세요.

Аль вэ? 어느 거죠?	Энэ улаан, ногоон хоёр номын аль нь вэ?
Хаана вэ? 어디죠?	Танай сургууль хаана вэ?
Хаашаа вэ? 어느 쪽이죠?	Танай гэр хаашаа вэ?
Хаанаас вэ? 어디서?	Чи хаанаас ирсэн бэ?
Хаагуур вэ? 어디로?	Туяа хаагуур яваад байна вэ?
Хаачих вэ? 어디 갑니까?	Чи бүтэн сайнд хаачих вэ?
Хэдэн бэ? 몇 일입니까?	Өнөөдөр хэдэн сарын хэдэн бэ?

Хэд вэ? 얼마 입니까?	Энэ ном хэд вэ?
Хэзээ вэ? 언제 입니까?	Туяа Солонгосоос хэзээ ирэх вэ?
Хэдийд вэ? 언제?	Ээж хэдийд ярьсан бэ?
Хэн бэ? 누구세요?	Тэр хар хувцастай хүн хэн бэ?
Хэр зэрэг вэ? 어느정도(얼마나)	Эндээс алхаад явбал хэр зэрэг хол явах вэ?
Юу вэ? 무엇입니까?	Таны гарт байгаа зүйл юу вэ?
Яагаад вэ? 왜(무슨 일로)?	Туяа өнөөдөр яагаад ирээгүй вэ?
Яах вэ? 어떻게 할까?	Хоёулаа өнөөдөр хөдөө явах уу, яах вэ?
Ямар вэ? 어떻습니까?	Чи ямар ном уншиж байна вэ?

연습문제

다음 밑줄 친 곳에 알맞은 의문첨사나 의문대명사를 넣어 문장을 완성하시오.

(1) Та хэдэн настай ...
(2) Тэр эмэгтэйн нэр ... бэ
(3) Та ямар мэргэжилтэй ...
(4) Энэ сүү ... тараг ...
(5) Нараа .... ирсэн бэ
(6) Таны юунд сонирхолтой ...
(7) Энэ ...ий цүнх вэ
(8) Чи оюутан ....
(9) Солонгос оюутны нэр хэн ...
(10) Тэр аль хотоос ирсэн ...
(11) Туяа ... настай вэ
(12) Чи юу хийдэг ...
(13) Хичээл чинь өнөөдөр орох ...
(14) Тараад юу хийх ...
(15) Хамтдаа кино үзэх ...

〚14장〛 후치사의 사용법

『учраас, учир』

몽골어의 명사나 동사 등의 주성분 뒤에 들어가 선행어를 후행어에 종속 연결하는 종속연결어를 후치사라 한다. 『учраас, учир』는 동작이나 행위의 원인과 이유를 나타낸다.

(1) Туяа хичээлээ сайн ойлгоогүй учраас Бат түүнд тайлбарлаж өгөв.
    토야가 공부를 잘 이해하지 못 해서 바트가 그에게 설명해 주었다.
(2) Хурлын дарга ирээгүй учир хурлаа хойшлуулсан.
    회장이 안 와서 학술회의를 다음으로 연기 했다.

(메모) 『учраас, учир』과 같은 의미를 나타내 주는 『тул』도 있다.

(3) Дарга ир гэсэн тул ажил руугаа явж байна.
    사장님이 오라 해서 회사로 나가고 있다.
(4) Өнөөдөр хүйтэрнэ гэж зарласан тул дулаан хувцаслаарай.
    오늘 날씨가 추워진다고 예보를 하니 따뜻한 옷을 입어라.

『хүртэл』· 『болтол』

『хүртэл』과 『болтол』은 '~까지'와 '~가 될 때까지'의 의미를 지닌다.

(1) Манай гэр хүртэл 15 минут явдаг.
    우리 집까지 15분 걸린다.
(2) Хоол болтол жаахан амарч бай.
    밥이 될 때까지 좀 기다리거라.

『гаруй』· 『шахам』· 『орчим』

『гаруй』· 『шахам』· 『орчим』는 수사와 같이 사용하는데 『гаруй』는 '~이상', 『шахам』은 '거의'나 '~에 가까운', 『орчим』은 '정도'나 '가량' 등의 의미를 나타낸다.

(1) Манай анги 20 гаруй оюутантай.
　　우리 학과 학생은 20명이 넘는다.
(2) Манай анги 30 орчим оюутантай.
　　우리 학과 학생은 30명 정도이다.
(3) Манай анги 30 шахам оюутантай.
　　우리 학과 학생은 30명에 가깝다.

(메모) 문장에서 гаруй(이상)를 쓰는 경우에는 대략 21~24명 정도를 생각할 수 있으며, 25~27명 정도는 орчим을, 30명에 가까운 28~29명 정도 에는 шахам을 사용한다. 또한 орчим과 같은 의미로 쓰이는 -аад[4]를 수사의 어간에 바로 취해서 '정도'의 의미를 나타낼 수 있다.

(4) Манай анги 20-иод оюутантай.
　　우리 학과 학생은 30여명 정도이다.

『турш』

후치사 『турш』는 한국어의 '동안/내내'으로 옮길 수 있다.

(1) Туяа өнөөдөр даргыгаа өдрийн турш хүлээсэн гэнэ.
　　토야가 오늘 사장님을 오후 내내 기다렸다고 한다.
(2) Бат 3 цагийн турш ном уншиж байна.
　　바트가 3시간 내내 책을 읽고 있다.

(메모) 또한 명사 어간에 –жин을 접속해서 '동안/내내/종일'의 의미를 나타낼 수 있다. Уржигдаржин(그저께 내내), өчигдөржин(어제 내내), өнөөдөржин(온종일), маргаашжин(내일 종일), өглөөжин(오전 내내), оройжин(저녁 내내), өдөржин(낮 내내).

(1) Би өглөөжин эмнэлгээр явсан.
　　내가 아침 내내 병원에 있었다.
(2) Баяраа өдөржин кино үзнэ.
　　바야르는 하루 종일 영화를 본다.

『төлөө』 · 『тулд, тул』

『төлөө』는 -ын/-ийн/-н로 끝나는 단어 뒤에 나타나며 한국어의 '~을 위하여'에 상응된다.

(1) Эх орныхоо бүтээн байгууллалтын төлөө ажиллацгаая.
 우리 나라의 발전을 위하여 열심히 일합시다.
(2) Эрүүл энхийн төлөө хундагаа өргөцгөөе.
 건강을 위해 건배를 합시다.

(메모) 후치사 『тулд, тул』도 문장에서 '~를 위하여'의 의미를 나타낸다. 『төлөө』는 '목적어 명사구'와 어울려 어떤 목적이나 의도를 나타내는 경우 '~을 위하여'의 꼴로 쓰이고 있다. 하지만 『тулд, тул』는 명사와 바로 연결될 수 없으며 항상 형동사가 선행하는 특징을 지니고 있으며 주로 '~해야 한다''로 끝나는 문장에서 많이 사용된다.

(3) Үүнийг бичихийн тулд монгол бичиг мэддэг хүн хэрэгтэй байна.
 이것을 쓰기 위해서 몽골 문자를 아는 사람이 필요하다.
(4) Сайхан амьдрахын тулд их хөдөлмөрлөх хэрэгтэй.
 행복하게 살기 위해서 많은 노력이 필요하다.

『чинээ』

몽골어 『чинээ』는 속격어미 -ын/-ийн/-н로 끝나는 단어 뒤에 나타나 '만큼, 정도'의 의미를 갖는다.

(1) Эрт үед уулын чинээ биетэй атгаалжин хар мангас байж гэнээ.
 옛날 옛적에 산만큼 큰 몸집을 가진 질투심 많은 괴물이 있었다.
(2) Энэ модны чинээ том мод байвал зүгээр байна.
 이 나무만큼 큰 나무가 있으면 좋다.

『үл барам』 · 『барахгүй』

몽골어에는 구격어미 -аар^{4}로 끝나는 단어 뒤에 나타나는 『үл барам』(뿐만 아니라)과 『барахгүй』 (뿐더러) 등의 도구격지배 후치사들이 있다.

(1) Нэгээр үл барам дөрөв, таван хүн явж гэнээ.
   1명이 아니라 4,5명이 갔단다.
(2) Амархнаар барахгүй маш хялбархан хичээл байсан шүү.
   쉬울 뿐더러 아주 흥미로운 수업이었다.

연습문제

다음 문장들에 учраас, хүртэл, болтол, гаруй, шахам, орчим, турш, төлөө, чинээ, үл барам, барахгүй 등 중에서 알맞은 단어를 골라 넣으시오.

(1) Туяа 5 цагийн ...... хичээлээ хийлээ.
(2) Улсын их хурал 7 цаг ..... хуралдав.
(3) Засгийн газарт 200^{220} .... хүн ажилладаг.
(4) Хөдөөгөөр ..... хотод ч малчид олон байдаг.
(5) Чингис хаан цэргүүдээ дагуулан олон сарын ...... байлддаг байжээ.
(6) Манай компани 300^{290} .... ажилчидтай.
(7) Эв нэгдэл, хамтын ажиллагааны ..... хичээцгээе.
(8) Хөдөөгүүр оготно, зурам гэх мэт алгын ..... амьтад их байдаг.
(9) Туяа завгүй ...... бидэнтэй хамт кино үзэж амжсангүй.
(10) Багш хичээлтэй байсан ...... уулзаж чадсангүй.

『наана』·『цаана』과 『урд』·『ард』 그리고 『нааш』·『цааш』

『наана』과 『цаана』은 탈격어미 -аас^{4}와 연결되면 발화자의 위치에서 가까운 곳과 먼 곳 또는 뒤쪽을 가리킨다. 그러나 속격어미 -ын/-ийн/-н와 연결되면 앞이나 뒤쪽을 가리킨다.

(1) Бат сургуулиас наана байна гэнээ.
   바트가 학교 가까운 곳에 있단다
(2) Бат сургуулиас цаана байна гэнээ.
   바트가 학교에서 아주 먼 곳에 있단다.
(3) Би сургуулийн цаана явж байна.

나는 학교 앞 쪽으로 가고 있다.
(4) Би сургуулийн цаана явж байна.
나는 학교 뒤 쪽으로 가고 있다.

(주의할 점) 문장에서 몽골어의 전성부사 후치사(наана/цаана, урд/ард)들은 격어미를 어떻게 취하느냐에 따라 의미가 아주 달라진다. 예를 들면: 소유격을 취할 경우 -ын/-ийн/-н + наана(앞)/цаана(뒤)과 -ын/-ийн/-н + урд(앞)/ард(뒤)가 똑같은 의미를 나타내며, 탈격을 취하는경우에도 -аас⁴ + наана наана(...에서 가까운 편에)/цаана(...에서 먼 편에)과 -аас⁴(...에서 가까운 편에) + нааш/цааш(...에서 먼 편에)와 같은 동일한 의미를 갖는다.

연습문제
다음 문장들을 잘 읽고 우리말로 옮기시오.

(1) a. Миний машин манай байрны цаана байгаа.
　　 _____
　 b. Миний машин манай байрны ард байгаа.
　　 _____

(2) a. Их дэлгүүрийн урд хоолны газар байдаг.
　　 _____
　 b. Их дэлгүүрийн наана хоолны газар байдаг.
　　 _____

(3) a. Төв аймгаас цаана Архангай байдаг.
　　 _____
　 b. Төв аймгаас цааш Архангай байдаг.
　　 _____

(4) a. Туяа дэлгүүрээс наана ирж явна.
　　 _____
　 b. Туяа дэлгүүрээс нааш ирж явна.
　　 _____

『дотор』·『гадна』

명사어간 + 속격어미(-ын/-ийн/-н)/-аас⁴ + 『дотор』(안에), 『гадна』(밖에)를 취하면 '~안에, 밖에' 등의 의미를 나타낸다.

(1) Байшингийн дотор худалдаа явагдаж байна.
건물 안에서 장사들 하고 있다.

(2) Энэ гэрийн даалгаврыг нэг сарын дотор хийгээрэй.
이 숙제를 한 달 안에 하세요.

(3) Номноос гадна өөр юу хэрэгтэй вэ?
책 이외에 또 필요한 것이 있니?

(4) Гэрийн гадна юу байгааг хараад ирээч.
게르 밖에 무엇이 있는지 보고 와.

『хажууд』· 『дэргэд』

명사어간 + 속격어미(-ын/-ийн/-н) +『хажууд』dhk 『дэргэд』(옆에)를 취하면 '~옆에'의 의미를 나타낸다.

(1) Сургуулийн хажууд эмнэлэг байдаг.
학교 옆에 병원이 있다.

(2) Миний дэргэд Бат сууж байна.
내 옆에 바트가 앉아 있다.

연습문제

다음 문장을 우리말로 옮기시오.

Өнөөдөр Бат, Туяа хоёр сургуулийн хажууд байдаг жижиг кафений урд уулзахаар тохирсон. Бат түрүүлж ирээд кафе дотор хүлээж байгаад Туяа руу ярилаа. Туяа жаахан хожимдсондоо санаа зовсон дуугаар "Сургуулийн цаана явж байна, удахгүй сургуулийн урд хүрлээ" гэв. Удалгүй кафенаас наана нэг машин ирж зогслоо. Туяа машин дотроос гарч ирэв.

[15장] 보조첨사 사용법

몽골어 문장은 *аа, л, л даа, даа², ч, ч гэсэн, биз, шүү, шүү дээ* 등의 보조첨사를 사용하여 요구, 확인, 주의 등 여러 감정의 양태의미를 나타낸다.

『aa²』

(1) Та аль ангид сууж байв аа?
   당신은 어느 교실에 앉아 있었습니까?

(2) Бат хөдөөнөөс ирсэн байна аа.
   바트가 시골에서 왔구나.

(3) Оюутнууд маргааш цугларах нь ээ.
   학생들이 내일 모두 모이겠네.

(4) Энэ хоол үнэхээр амттай юм аа.
   이 음식 정말로 맛있구나.

(메모) aa는 모든 단어(동사, 명사 형태)의 뒤에 나타나 갑작스런 놀람 등의 감정을 나타낸다. 한편 구어체에서는 의문문의 의문첨사가 될 수 있다.

(5) 토야: Өнөөдөр Бат бид хоёр музей явна.
      오늘 바트와 둘이서 함께 박물관으로 간다.
   어머니: Өнөөдөр хаашаа явна аа?
      어디로 간다고?

(6) 토야: Мэдээгээр ханиад ихэссэн тухай гарч байна.
      뉴스에서 플루가 확산되고 있는 것에 대해서 방송하고 있다.
   어머니: Юу гэнэ ээ?
      뭐라고?

『л』

(1) Аав сонин уншиж л байна уу?
   아버지가 아직도 신문을 읽고 있니?

(2) Бат кино үзээд л байна.

　　바트가 아직도 영화를 보고 있다.

(3) Би эмчийн өгсөн эмийгууж л байна.

　　내가 의사 선생님이 주신 약을 지금도 먹고 있다.

(4) Намайг гарахад тэр өрөөндөө унтаж л байсан.

　　내가 나갈 때 그는 방에서 아직도 자고 있었다.

(메모) 보조첨사 л 은 문장에서 과거에 이루어진 동작, 행위가 현재 또는 미래에도 계속되는 의미를 나타낸다.

『л даа』 . 『даа²』

(1) a. Би монгол хэлийг сурна л даа.
　　　나는 몽골어를 배울 수 있어.
　　b. Би монгол хэлийг сурна даа.
　　　나는 몽골어를 꼭 배울 것이다.

(2) a. Би хамт явъя л даа.
　　　나도 같이 가고 싶다.
　　b. Би хамт явъя даа.
　　　나도 같이 가야겠다.

(메모) л даа는 문장에서 '요구' 또는 '망설임' 등의 뜻을 나타낸다. даа²는 앞에 온 말을 강조하는 의미로 쓰이거나 '~도, 역시, 꼭' 등의 꼴로 쓰인다.

『ч』 . 『ч гэсэн』

(1) 학생들도 왔었다.
　　Оюутнууд ч ирсэн байсан.
　　Оюутнууд ч гэсэн ирсэн байсан.

(2) 일요일에도 쉬지 않는다.

Бүтэн сайнд ч амардаггүй.

Бүтэн сайнд ч гэсэн амардаггүй.

(메모) ч과 ч гэсэн은 둘 다 '~도'의 뜻을 나타내는 동일한 의미기능을 수행한다.

『биз』 . 『биз дээ』

(1) Туяа өнөөдөр сургууль руугаа явсан биз?

토야가 오늘 학교에 갔겠지?

(2) Одоо Бат гадуур зугаалж байгаа биз дээ.

지금 바트가 밖에 놀고 있겠지.

(메모) биз는 문장 끝에 나타나서 '확신' 과 '추정' 등의 의미를 가지며, биз дээ의 용법 역시 문장 끝에 나타나서 '뚜렷한 확신'의 의미를 갖는다. 이들 첨사들의 의미를 비교하면 биз는 청자로부터의 응답을 기대할 수 있는 반면 биз дээ는 반드시 청자의 응답을 요구하지는 않는다는 점에서 차이가 있다.

『шүү』 . 『шүү дээ』

(1) 나 (분명히) 백화점 갔다 왔거든.

Би дэлгүүр яваад ирсэн шүү.

Би дэлгүүр яваад ирсэн шүү дээ.

(2) 오늘 눈이 오지 않았거든.

Өнөөдөр цас ороогүй шүү.

Өнөөдөр цас ороогүй шүү дээ.

(메모) шүү/шүү дээ는 문장 끝에 들어와서 강조의 서법의미 또는 '긍정', '시인' 등의 의미를 나타난다.

(주의할 점) 일부 보조첨사의 경우 보조첨사와 그 앞에 오는 대등연결어미가 결합하여 발음 될 때 길게 발음되어 어미의 형태가 다음과 같이 변화되기도 한다. -ж/-ч + л = жил/-чил, -аад + л = аад^4(а^4)л. 이런 형태들은 오늘날 문

자 메세지나 개인 메일 등에서 많이 쓰이고 있지만 공식 문서상에서는 그다지 많이 쓰지 않는다.

(1) Бат номоо үзэжил байна уу.
바트가 아직도 책을 보고 있니?
(2) Туяа тэнд суугаадал байна.
토야가 그곳에 계속 앉아 있다.

연습문제

다음 문장들에 аа², л, ч/ч гэсэн, биз, биз дээ, шүү, шүү дээ 등의 여러 보조첨사들 중 알맞은 단어를 넣어 문장을 완성하시오.

(1) Энэ цэцэрлэгт хүрээлэн ямар сайхан байна ....
(2) Багшаа, та бас бидэнтэй цуг явна .... ?
(3) Өнөөдрийн гэрийн даалгаврыг заавал цээжлэнэ ...
(4) Би .... гэсэн та нартай хамт явмаар байна.
(6) Туяа гэртээ байгаа .... байлгүй дээ.

〖16장〗 연결사 사용법

몽골어에서는 두 가지 이상의 단어와 문장을 연결시키는 기능을 갖는 다음과 같은 단어들이 있다.

『ба』 . 『болон』

(1) Манай ангийн Бат болон Туяа хичээлээ сайн хийдэг.
 우리 학과의 바트와 토야가 공부를 열심히 한다.
(2) Монгол ба Солонгосын хамтын ажиллагаа олон талаар өргөжиж байна.
 몽골과 한국의 교류가 여러 분야에서 확대되고 있다.
(3) Би түүний ирсэн ба явсныг хараагүй.
 나는 그가 온 것과 간 것을 못 봤다.
(4) Туяагийн турсан ба Батын таргалсан хоёр яг тэнцэнэ.
 토야의 살이 빠진 것과 바트의 살찐 것이 똑같다.

(메모) 몽골어의 연결사는 예문 (1)과 (2)에서 보듯이 둘 이상의 주어를 하나의 서술어(өгүүлэхүүн)로 연결할 때 사용한다. 또한 유사한 행동이나 상황이 동시에 일어날 때 이를 연결해주는 기능을 갖는다.

『бөгөөд』 . 『болоод』

(1) Тэр цэцэг гоё өнгөтэй бөгөөд бас сайхан үнэртэй.
 그 꽃은 고운 색깔과 아름다운 향기를 갖고 있다.
(2) Амьдрал урт бөгөөд сонирхолтой аялал шиг.
 인생은 길고 흥미로운 여행과 같다.
(3) Хүмүүнлигийн болоод нийгмийг хамарсан ажилд оролцож байх хэрэгтэй.
 인문과 사회를 아우르는 일에 참여할 필요가 있다.
(4) Дэлхийд олон үндэстэн байдаг бөгөөд тэд өөрийн болоод дэлхийн соёлыг улам бүр хөгжүүлж байдаг.
 세계에는 여러 민족들이 존재하며 각기 자신들의 문화 및 세계의 문화를 발전시키고 있다.

(메모) бөгөөд와 болоод는 문장에서 주로 두 개 이상의 문장을 연결시킬 때 많이 사용된다. 예문 (1)에서 보듯이 *Тэр цэцэг гоё өнгөтэй. Тэр цэцэг сайхан* *үнэртэй*라는 2문장을 <u>бөгөөд</u>로 연결하여 하나의 문장으로 만든 것이다. Болоод는 ба/болон과 같이 단어와 단어와 연결시키는 기능을 수행하며 또한 목적어, 한정어 등을 연결해 주는 기능을 갖는다.

『харин』. 『гэвч』. 『гэтэл』

(1) Би сургууль руу явж, харин ээж гэртээ үлдсэн.
나는 학교로 가고, 어머니는 집에 남으셨다.
(2) Туяа олон өдөр хичээлээ хийсэн. Гэвч шалгалтандаа тэнцээгүй.
토야는 여러 날 공부를 했다. 하지만 시험에 합격하지 못 했다.
(3) Бат гэр лүүгээ явж байлаа. Гэтэл өөдөөс нь олон морьтой хүн гарч ирэв.
바트는 집으로 가고 있었다. 그런데 앞에서 (갑자기) 많은 말을 가진 사람이 나타났다.

(메모) 몽골어 харин은 '그러나', '하지만'의 의미로, гэвч는 '그렇지만', гэтэл은 '그런데' 등의 의미로 옮길 수 있으며, 상반된 행위나 결과가 다른 두 문장을 연결할 때 쓰인다. 그리고 몽골어 문장에서 гэвч로 연결되는 문장을 보조첨사 ч로, гэтэл로 연결되는 문장을 한계연결어미 -тал⁴로 바꾸어 쓸 수 있으며, 바꾸어 쓸지라도 의미는 변하지 않는다. 예를 들면:

(1) 내가 요즘에 일이 많아도(많다. 하지만) 영어를 배우고 있다.
Би ойрд ажил <u>ихтэй. Гэвч</u> англи хэл сурч байна.
Би ойрд ажил <u>ихтэй ч</u> англи хэл сурч байна.
(2) 토야가 학교로 빨리 갔지만 아무도 없었다.
Туяа сургууль руугаа яаран <u>очсон. Гэтэл</u> хэн ч байхгүй байлаа.
Туяа сургууль руугаа яаран <u>очтол</u> хэн ч байхгүй байлаа.

『эсвэл』. 『эсхүл』

(1) Чи ном унших уу, эсвэл хөгжим сонсох уу?
당신은 책을 읽겠습니까? 아니면 음악을 들으시겠습니까?
(2) Кофе уух уу?, эсхүл цай уух уу?
커피 마시겠습니까? 아니면 차를 마시겠습니까?
(3) Бат одоо номын санд эсвэл сургууль дээр байх цаг.

바트는 지금 도서관 아니면 학교에 있을 시간이다.
(4) Энэ ханз хүн юм уу эсхүл хүмүүс гэсэн утгатай.
이 한자는 사람 아니면 사람들이라는 뜻일 것이다.

(메모) эсвэл과 эсхүл은 의미상의 차이는 없으며, 서로 다른 것에 대해서 이야기 할 때 사용한다. 그리고 эсвэл과 эсхүл을 юм уу로 대체해서 비슷한 의미로 사용할 수 있다.

(5) a. Кофе уух уу?, эсхүл цай уух уу?
커피 마실까? 아니면 차를 마실까?
b. Кофе <u>юм уу</u> цай уух уу?
커피나 차를 마실까?

『буюу』

(1) Өнөөдөр 1 сарын 1 буюу шинэ оны эхний өдөр.
오늘은 1월 1일이고 새해의 첫 날이다.
(2) Наадмаар буюу 7сарын 11-13-ний өдрүүдэд морь уралддаг.
나담 축제 때 즉, 7월 11일부터 13일까지 승마 경기가 있다.

(메모) 똑같은 의미 또는 내용을 연결할 때 주로 буюу를 쓴다.

연습문제
다음 문장들에 ба, бөгөөд, болоод, буюу, харин, гэвч/ч, гэтэл/-тал[4] эсвэл 등의 알맞은 단어를 넣어 문장을 완성하시오.

1. Би өнөөдөр дэлгүүр явсан л даа. ...... юу ч аваагүй.
2. Ном бол эрдэм мэдлэг ...... хүмүүжлийг хүнд бэлэглэдэг.
3. 9 сарын 1-н .... хичээлийн шинэ жилээр цуглаарай.
4. "Дайн ...... энх" зохиолыг уншсан уу?
5. Амралтын өдрөөр ууланд явах уу ...... Хөвсгөл явах уу?
6. Монголын хөдөө тал үзэсгэлэнтэй .... өргөн уудам.
7. Би өчигдөр "Хайр ...... харуусал" жүжгийг үзлээ.
8. Хөдөө явж бай..... чоно харав.
9. Аав ном уншиж, ... ээж хоол хийж байна.
10. Англи хэл сонгох уу ...... монгол хэлний хичээл сонгох уу?

[17장] 부정첨사와 금지첨사의 사용법

부정첨사 『эс』. 『үл』

(1) Бат Туягаас маргааш ажилтай эсэхийг лавласан боловч эс дуугарав.
    바트는 토야에게 내일 일이 있는지 물어 봤지만 대답하지 않았다.
(2) Алга дарам газрыг ч харьд үл өгтүгэй.
    손바닥 만한 땅이라도 외국에 내주어서는 안 된다.

(메모) 몽골어의 부정첨사 эс와 үл은 고전 몽골문어에서는 주로 시상과 서법의 차이에 따라 기본적으로 의미 차이를 수반하였지만 현대몽골어에서는 사용 범위가 축소되어 일부의 관용적인 표현을 제외하고는 부정표지의 기능을 살실하게 되었다. 따라서 구어체에서는 많이 쓰이지 않게 되었지만 문어체에서는 많이 사용된다. 현대몽골어에서는 어울림의 제약이 따르게 되어 항상 동사류의 앞에 놓여 '~지 않다'의 부정의 의미를 나타낸다.

금지첨사 『бүү』. 『битгий』

(1) Багш чамайг 12 хүртэл битгий яваарай гэсэн шүү.
    교수님이 너를 12시까지 가지 말라고 말씀 하셨단다.
(2) Хүйтнээс бүү ай, дулаахан хувцас өмсөхөд л болно шүү дээ.
    추위를 무서워하지 마, 따뜻한 옷을 입으면 괜찮다.

(메모) 현대몽골어의 금지첨사 бүү와 битгий는 통사구조상 항상 명령·원망형 동사의 앞에 놓여 '~지 말다'의 의미를 갖는 금지문을 이룬다..

(3) Хичээлийн дундуур битгий яриад бай.
    수업 중에 이야기 하지 마라.
(4) Өнөөдөр хүйтэн байгаа учраас гадагшаа битгий гараарай.
    오늘은 날씨가 추우니 밖으로 나가지 마라.

명사류 부정 『биш』

(1) Энэ ном биш, тэмдэглэлийн дэвтэр.
   이것은 책이 아니라 공책이다.
(2) Би оюутан биш.
   나는 학생이 아니다.
(3) Энэ тийм ч хүнд ажил биш.
   이것은 그다지 어려운 일이 아니다.
(4) Мөнгө бол амьдралын утга учир биш.
   돈이 인생의 전부는 아니다.

(메모) 몽골어의 명사류 부정첨사 биш는 일반적으로 명사류의 뒤에 붙어 유정물과 무정물의 특질을 부정하는 의미적 관계를 형성한다.

『үгүй』

(1) Туяа хэлзүйн номгүй гэнээ.
   토야에게는 문법 책이 없다고 합니다.
(2) Засгийн газар амласнаа биелүүлээгүй.
   정부가 약속을 지키지 않았다.
(3) Ах маань маргааш Улаанбаатар явахгүй гэсэн.
   나의 오빠는 내일 올란바타르에 가지 않는다고 했다.
(4) Би гэрийн даалгавараа хийж амжсангүй.
   나는 숙제를 하지 못 했다.

(메모) 역시 명사류의 부정을 나타내는 첨사로서 현대몽골어에서 үгүй는 -гүй가 되어 명사나 형동사에 붙어 사용된다.

(주의할 점) 외국인 학습자들의 경우 묻는 말에 답할 때 биш와 үгүй를 혼동하여 잘 못 쓰는 경우가 많다. 이 경우에 우리말에는 양쪽 다 '아니다'라는 말을 쓰지만 몽골어에서는 구별해서 대답해야 하는 것이다.

(1) Бат: Чи сургууль руу явж байна уу?
   바트: 너는 학교로 가고 있니?
   Сон-А: (X) Биш   (O) Үгүй

(2) Бат: Энд Туяа гэж хүн байдаг уу?
   바트: 이곳에 토야라는 사람이 있습니까?

Сон-А: (X) Биш   (O) Үгүй

(메모) 아래의 (3)과 같은 예문에서는 명사 + 의문사가 있는 경우 Үгүй 와 Биш 둘 다 사용할 수 있다.

(3) Энэ чиний дэвтэр үү?
이것이 너의 노트니?
(O) Үгүй ~ Биш

(읽기) 다음의 대화를 잘 듣고 연습문제의 답을 완성하시오.

Туяа: Бат аа, өнөө орой завтай юу?
Бат: Завгүй, Маргааш шалгалттай учраас бэлдэх хэрэгтэй.
Туяа: Өө, тийм үү, Жүжиг хамт үзэх гэсэн юм. Чи "Орших уу, эс орших уу"-г үзсэн үү
Бат: Үгүй, Хоёулаа маргааш орой үзье. Чи өнөөдөр битгий үзээрэй.
Туяа: За, чи шалгалтандаа сайн бэлдэж байгаа биз дээ?
Бат: Үгүй, Ойрд зав муутай байсан учраас шалгалтандаа сайн бэлдэж чадаагүй.

연습문제

(1) Бат шалгалтандаа бэлдсэн үү?
....
(2) Бат өнөөдөр завтай юу?
....
(3) Жүжгийн нэр солонгосоор юу вэ?
....
(4) Дээрх текстэнд *үгүй* ба *-гүй* хэдэн удаа орсон бэ?
....

〖18장〗 단어의 이차적 의미

몽골어의 동사는 문장에서 연결되는 단어들의 형태에 따라 여러 이차적 의미를 갖는다. 몽골어를 처음 배우는 학습자들은 현대몽골어 동사의 이차적 의미를 잘 이해하지 못 해서 몽골어로 올길 때 어색하거나 이상한 발화가 되는 경우가 많다. 따라서 이 장에서는 외국인 학습자가 가장 대표적으로 틀리기 쉬운 몇 가지 점을 간추려 다루어 볼까 한다.

явах(가다)

(1) нас явах(나이 들다)
Хурдан хүнтэй суухгүй бол нас явж байна шүү.
빨리 결혼하지 않으면 나이 들게 된다.

(2) ажил явах(일이 잘 되다/풀리다)
Ойрд ажил яваад сэтгэл тэнэгэр байна.
요즘에 일이 잘 풀려서 기분이 좋다.

(3) морьтой явах(운수가 좋다)
Өнөөдөр хоёр ч шалгалтанд А аваад морьтой явнаа.
오늘은 두 시험 다 A를 받아 운수가 좋다.

авах(받다, 가지다, 사다)

(1) Би өнөөдөр ном авна.
나는 오늘 책을 살 것이다.

(2) эхнэр авах(결혼하다)
Бат ирэх жил эхнэр авна.
바트가 내년에 결혼할 것이다.

(3) зээл авах(대출 받다)
Банкнаас зээл авахад юу юу бэлдэх хэрэгтэй вэ?
은행에서 대출 받을 때 무엇 무엇을 준비해야 합니까?

(4) хүлээж авах(만나다)
Захирал гадаад багш нарыг хүлээж авав.
학장님이 외국인 교수들을 영접하였다.

(5) зураг авах(사진을 찍다)
Би төгсөлтийн зураг авхуулахыг хүсэж байсан.
나는 졸업 사진을 찍게 하고 싶었다.

초급 | 87

(6) санаа авах(참고하다)

  Би түүний өгүүллээс санаа авч бичсэн.
  내가 그의 논문에서 그의 견해를 참고하여 썼다.

гарах(나가다)

  (1) ажлаас(сургуулиас) гарах(그만 두다)
  Туяа ажил хийхээр сургуулиас гарсан.
  토야는 취업하기 위해 학교를 그만 두었다.

  (2) эхээс гарах(태어나다)
  Энэ гөлөг эхээсээ гараад л энд амьдарсан.
  이 강아지가 태어난 후 이곳에 살고 있다.

  (3) нүднээс гарах(피곤해 보이다)
  Ойрд шалгалт ихтэй, ядраад бүүр нүднээс гарч байна.
  요즘에 시험이 많아, 지쳐서 많이 피곤해 보인다.

  (4) амь гарах(살아 남다)
  Бат сэлж чаддаггүй учир далайн уснаас арай гэж амь гарчээ.
  바트는 수영을 못해서 바닷물에서 가까스로 살아 남았다.

  (5) үгнээс гарах(말을 듣지 않다)
  Охин минь том болоод бүр үгнээс гараад байна.
  내 딸이 커서 이제 내 말을 잘 듣지 않는다.

  (6) хадамд гарах(시집가다)
  Туяа хадамд гарахаар болсон гэнэ.
  토야가 시집 가게 되었대.

  (7) нар гарах(마음이 좋아진다, 기쁘다)
  Удаан уулзаагүй ээжтэйгээ уулзаад миний нар гарав.
  오랫동안 못 만났던 어머니를 만나서 아주 기쁘다.

  (8) Нас дээр гарах(나이 들다, 연세가 많다)
  Нас дээр гарсан аавыгаа асарч байгаарай.
  연세가 많으신 아버지를 잘 돌봐 드려라.

өгөх(주다)

  (1) ам өгөх(약속하다)
  Би Батад ном өгөхөөр ам өгсөн.

나는 바트에게 책을 준다고 약속했다.

(2) шалгалт өгөх(시험 보다)

Өнөөдөр манай ангийнхан шалгалт өгнө.

오늘 우리 학과 학생들이 시험 볼 것이다.

(3) чиг өгөх(조언하다, 가르쳐 주다)

Багш надад дипломоо яаж бичих талаар чиг өгөв.

교수님께서 나에게 논문을 어떻게 쓸 것인가에 대해 조언해 주셨다.

татах(당기다)

(1) хань татах(동행이 되어 주다)

Туяа Батыг сургууль явах замд хань татан хамт явъя гэв.

토야는 바트가 학교로 가는 길에 동행이 되어 주길 바래서 같이 가자고 했다.

(2) сэрүү татах(선선해지다)

Гадаа сэрүү татаад намрын шинж орчихжээ.

밖이 선선해져 가을 모습을 그대로 찾았다.

тавих(놓다)

(1) Амиа тавих(목숨을 걸다)

Бат номонд үнэхээр амиа тавьдаг.

바트는 진정으로 책에 목숨을 건다.

(2) Дуу тавих(소리 내다)

Бат аль хэдийн холдсон Туягийн араас дуу тавин дуудав.

바트가 어느새 멀리 떨어진 토야의 뒤에서 큰 소리로 불렀다.

(3) Чимээ тавих(소식을 기다리다)

Ээж нь охиныхоо сургийг чимээ тавин чагнана.

어머니는 딸의 소식을 항상 기다린다.

буух(내리다)

(1) цалин буух(월급을 받다)

Сар бүрийн 8-нд цалин буудаг.

매월 8일에 봉급을 받는다.

(2) ханш буух(물가가 떨어지다)

Ойрд мөнгөний ханш буужбайна.

요즘 물가가 폭락하고 있다.
(3) хур буух(소나기가 내리다)
7, 8-н сард хур буух нь их.
7월 8월에 소나기가 내릴 때가 많다.
(4) сонирхол буух(관심이 떨어지다)
Ойрд зураг зурахаа болиод сонирхол ч буусан.
요즘 그림을 그리지 않으면서 관심도 사라졌다.
(5) хар буух(의심이 들다)
Батыг ойрд уйтгартай байхыг хараад "Арай шалгалтандаа уначихсан юм биш байгаа" гэсэн хар буув.
바트가 요즘 슬퍼하는 것을 보고 '시험에 떨어진 것 아닌가' 하는 의심이 들었다.

барих(잡다)

(1) амаа барих(후회하다)
Би дөрвөн жилийн өмнөх шийдвэртээ одоо хүртэл амаа барьж байна.
나는 4년 전에 내가 내린 결정에 대해서 지금도 후회하고 있다.
(2) сүүл барих(꼴찌하다)
Шалгалтандаа сайн бэлдээгүйгээс Бат сүүл барив.
시험을 잘 준비하지 않아 바트가 꼴찌했다.
(3) данс барих(재정을 관리하다)
Туяа ангийнхныхаа дансыг барьдаг.
토야가 학과 학생들의 계좌를 관리한다.
(4) модоо барих(형편이 어려워지다)
Зарим нэг банк хугацаагүй зээл их олгосноос одоо модоо бариад байна.
일부 은행들이 무기한 대출을 많이 해주어서 지금 재정이 매우 어려운 상태이다.

참 고 문 헌

강신 외, 『현대몽골어와 한국어의 문법비교연구』 한국문화사, 2009

Г.Аким, "*Монгол өвөрмөц хэлцийн товч тайлбар толь*", Улаанбаатар, 1982

Г.Аким, "*Монгол өвөрмөц хэлцийн толь*" Улаанбаатар, 1999

Г.Дашдаваа, "*Англи хэлний хэвшмэл хэллэгийн товч толь*", Улаанбаатар, 1999

Р.Жагварал, "*Монгол хэлний хүндэтгэлийн үг*",Улаанбаатар, 1976

Чой.Лувсанжав, "*Монгол өвөрмөц хэллэг*", Улаанбаатар, 1970

Ю.Мөнх-Амгалан, "*Орчин цагийн монгол хэлний баймжийн ай*", Улаанбаатар, 1998

Б.Ринчен, "*Үгийн утгыг үзэ*", Шинжлэх ухаан, Улаанбаатар, 1950, ¹2

Ж.Төмөрцэрэн, "*Монгол хэлний үгийн сангийн судлал*", Улаанбаатар, 1974, 2001

Китамура, "*Орчин цагийн монгол хэлний ойролцоо утгат үгийн толь бичиг*", Улаанбаатар, 2001

부록

몽골어 유의어

부록

몽골어 유의어

аав, *эцэг*
ааг, *чадал, ид, хав, бах, омог, бяр*
ааг, *үнэр*
аагим, *бүгчим, тун, маш, их*
аагла, *дээрэлхэ, бардамна, дава-*
аагтай, *чадалтай, амттай*
аадар, *бороо*
аадгар, *богино, тагдгар, тогдгор, намхан, атигар, давжаа, жижиг*
аажим, *удаан, алгуур, тайван, нөр, уужуу, зөөлөн, аашаар түргэн*
аажимдаа, *яваандаа, цаашдаа, дараа, хожим, ирээдүйд, алсдаа*
ааль, *зан, авир, ааш, янз, байдал, ая, эв, ёс, төлөв*
аахил-, *уухил-, ахигла-, амьсгаад-*
ааш, *авир, зан, ааль, ян зан*
аашла-, *загна-, зандар-, аягла-, аянга буулга-*
аашла-, *айдарла-, ангалза-, авирла-, аалила-, агсар-*
ав, *ан, хоморго, гөрөө, агнуур*
аваас, *бөгөөс, болбоос, бол, байваас*
аваач-, *авч ява-, авчир -*
авгай, *эхнэр, чавганц, гэргий,*
авгай, *гуай*
авиа, *дуу, чимээ*
авира-, *маца-, аса-, буу-*
авлага, *өр, аваа*
авла-, *агна-, гөрөөл-*
авлига, *хээл хахууль*
аврага, *том, их*
аврал, *өршөөл, тус, тусламж*
авра-, *хамгаал-, хэлтрүүл-*
авсаархан, *цомхон, хөнгөн*
авчир-, *авч ирэ-*
агуу, *их*

ад, *самбаа, заль, ов жив*
адаг, *эцэс, сүүл, төгсгөл, адаг, хууч, бөгс*
адармаа, *төвөг, төвөгтэй, яршигтэй, хэцүү, бартаатай*
адга-, *яар-, тэвдэ-, сандар-, басга-, яара-*
адгуус, *амьтан, амьд амьтан*
адил, *адилхан, сац, чацуу, зэрэг, ижил, тэнцүү, төстэй, барагцаа*
адилавтар, *ойр, ойролцоо, дөхүү*
адилса-, *ижилсэ-*
адуул-, *малла-, хариул-*
ажигла-, *хяна-, анзаар-, анхаар-, ажи-, хар-*
ажил, *хөдөлмөр, явдал, хэрэг, үйл, алба*
ажилгүй, *залхуу, задгай, арчаагүй*
ажиллагаа, *явц, үйл*
ажилсаг, *хөдөлмөрч, ажилч, махруу, мэрийтгий*
ажилтай, *хөдөлмөрч*
ажилтан, *ажилчин, албан хаагч*
ажилч, *хөдөлмөрч, ажилсаг, хичээнгүй, залхуу, хойрго*
аз, *зол, завшаан, хийморь, амны хишиг*
азгүй, *хийморгүй, золгүй*
азгүйд-, *аз хари-, заяа зайл-, амны нь хишиг ар дээрээ гар-*
азна-, *байзна-, хүлээзнэ-, түдгэлзэ-, зогсзоно-*
азтай, *золтой, завшаантай, хийморьтой*
айдас, *аймшиг*
айл, *гэр, бүл, өрх*
айл, *хөрш, зэргэлдээ, саахалт*
айлга-, *сүрдүүл-, зүрх үхүүл, зүрхэнд нь ор-*
айлга-, *зовоо-*
айлда-, *хүнд, хэлэ-, өгүүл-, яри-, мэдэгдэ-*
айлтга-, *дуулга-, хэлэ-, өргө-, өчи-, мэдэгдэ-*
аймшиг, *аюул, хөнөөл, гамшиг, зовлон*
аймшиггүй, *зоригтой, зүрхтэй*
аймшигтай, *аймаар, нүд хальтармаар*
алагда-, *алуул-, хорлогд-*
алагла-, *эрээл-, эрээлж-*
алга, *үгүй*
алдаа, *гэм, буруу, осол мадаг, хохирол, эндүү, эндэл, эндэгдэл, ташаа, хазгай буруу, андуу, дутагдал, алдас*

алдар, *нэр, нэр төр*

алдарт, *алдартай, нэрт, цуут, хүндэт, домогт, түүхт, гавьяат*

алдар-, *алдуур-, тайлагда-, сулар-, хэлтэр-, хүлэ-*

алиал-, *хошигно-, марзагана-, элэг хөшөөх, инээд хүргэх*

алив *өгөөч*

аливаа, *ямарваа*

алс, *хол, бөглүү, ойр, дөт*

алсхи, *холхи, холын*

аль, *ямар, аль нь*

амар, *амархан, хялбар, дөхөм, авад, авсаар, төвөггүй*

амар, *амар жимэр, ажин түжин, нам тайван, тайван, түвшин, энх, санаа амар, айван тайван, амар жимэр, нам жим, айх ичих юмгүй, санаа зовох юмгүй, жаргалаа эдлэх, бэтэг хагарах, хөл жийх, эрх таавараа, гар гадаа, хөл хөдөө, амар-, амсхий, дотор онгойх, нуруу тэнийх, мөрнөөс юм аваад хаячих шиг болох*

амин, *хувийн, нууц, чухал*

ангид, *өөр, гадна, этгээд, тусгай*

ангил-, *ялга-, хуваа-*

анхаарал, *сэрэмж, хайхрамж, хянамж, халамж, ажиг, увай, хайхрал, хэнэг, хичээл,*

анхдугаар, *эхэн, тэргүүн, нэгдүгээр*

анхны, *ууган, анхдагч, онгон, нялх, тулгар, тугтам, түрүүч, эхэн*

аргатай, *зальтай, башир, сүйхээтэй*

ард, *албат, иргэн, улс, хүн, зон олон, хүн, харц, хүмүүс, харъяат*

ард, *ар, ар талд, хойно*

арил-, *үгүй бол-, алга бол-, ява-, далд ор-*

арилжаа, *наймаа, маймаа, худалдаа*

ариун, *нандин-, цэвэр, цэмбэгэр, цэмцгэр*

архи, *дарс, сархад, нанчид, хар ус*

асар, *их ,маш, тун, агуу*

асуу-, *лавла-, асуулт тави-, эрүүд-,吗роо-, ухчил-, улала-, байцаа-, хоргоо-, лавла-, шүү-, шалгаа-, ам хэл сугалах шаха-*

асуу-, *мэдэ-*

атаач, *жөтөөч*

ах, *ахмад, эгчмэд*

ах дүү, *амраг садан*

ахиад, *дахиад*

ач үр, *ач үр, хүүхэд*
ачаа, *тээш*
ашиг, *орлого*
ашиг тус, *үр, хожоо, хонжоо, хор, хорлол*
ашигла-, *хэрэглэ-*

ая эгшиг, *дуу*
аягүй, *эвгүй, тааламжгүй, нийлэмжгүй, зохимжгүй*
аятай, *сайхан, аялга, тавлаг, нийлэмжтэй*
аятайхан, *ялдам(хан), нүдэнд дулаан*

Бб

ба *буюу, болон, болоод*
баг *бүлэг, хэсэг, бригад*
бага, *жижиг(хэн), өчүүхэн, том биш, жаахан*
багавтар, *цөөвтөр, бага шиг, их биш*
багаж, *зэвсэг, хэрэглэл*
багцаал-, *барагцаал-, тойтмло-, бүдүүвчил-*
багшил-, *заа-, сурга-*
байгуул-, *үүсгэ-, үндэслэ-, зохио-, бий болго-*
байгуул-, *бүтээ-, цогцлоо-*
байгуулагч, *үүсгэгч, бий болгогч, үндэслэгч*
байдал, *янз, төлөв, тар, аяг, ая, зан, шинж, дүр, төрх, өнгө*
байлдаан, *тулалдаан, дайн*
байн байн, *дахин дахин, ахин ахин, ахин дахин, байнга, дандаа, үргэлж, ямагт, цаг ямагт, үргэлжийн мөнхөд, тувтан*
байр, *орон, гэр, сууц*
байрла-, *байрши-*
бараг, *ихэвчлэн, голдуу, ер нь, багцаагаар, барагда-, дуус-, гүйцэ-, баяжи-*
барагдахгүй, *дуусахгүй, арвин, их*
барагцаа, *тойм, баримжаа*
баяж-, *бэлжи-, мөнгөжи-, чинээж-, хөлжи-, хөрөнгөж-, юмжа-, бэл суу-, нудрагтай бол-*
баян, *чинээлэг, юмтай, тарган, хөрөнгөтөн, хоосон, ядуу, барлаг*

баяр, *наадам, зугаа, цэнгээн, найр наадам, нийллэг, хөгжөөн*
баярла-, *хөөр-, баяс-, бахарха-, бахда-, магнай тэний-, гуяаа алгада-, нар гар-, нар манда-, магнай хагартал баярла-, хөл алда*
баячуул, *баячууд, хөрөнгөтөн*
бич, *сармагчин, мич*
бишир-, *хүндэл-*
богино, *ахар, охор, оодгор, оодон, тоодон*
бодит, *бодот, юм*
бодлогогүй, *болгоомжгүй, хөнгөн, томоогүй, гэнэн, гэнэ сэнэгүй, барьцгүй, хаширлаагүй*
бодлоготой, *хашир, ухаантай, суурьтай, болгоомжтой*
бодо-, *сана-, сэтгэ-, тунгаа-, тархиа ширгээ-, толгой гашилга-, ухаан зарах, ухаан сийлэх*
бөө, *зайран, удган*
бөөгнөр-, *овоор-, шаваар-, багшир-*
бүү, *битгий*
бэлдэх, *бэлтгэх, ээхэх, төхөөрөх*
бэлэглэх, *гар цайлгах*
бяцхан, *бага(шиг), жижигхэн, жаахан, жоохон, ялигүй, цэг шиг, мэнгэ шиг, хумсны чинээ*

Г г

гагцхүү, *зөвхөн, ердөө, ерөөс*
гадаа, *гадна, гадуур*
гадаад, *харь, хүний*
гайгүй, *зүгээр, овоо, сайн*
гайхалтай, *сонин, гайхмаар, гайхам*
ганц, *нэг, өнчин, гон, өрөөсөн*
гарал, *эхлэл, үүсвэр, үүсэл, үүсгэл*
гаран, *гаруй*
гоё, *сайхан, гоо, ганган*
гол, *чухал, хэрэгтэй*
гол, *дунд*
гол, *ус, мөрөн*
гэвч, *харин, гэхдээ, гэтэл*

гэр, *орон, байр, өргөө*
гэргий, *эхнэр, авгай, хүүхэн, эм*
гэрлэ-, *ханилах, суух, гэр бүл болох, хуримла-, айл болох, амьдралаа холбо-, өрх тусгаарла-, хадамд гар-, хүний эхнэр (нөхөр) бол-, туурга тусгаарла-*

Д д

даара-, *жихүүц-*
дайн, *дажин, үймээн, самуун, байлдаан, тулалдаан*
далавч, *жигүүр*
далай, *тэнгис*
дашрам, *далим*
дийл-, *яла-*
дийлэнх, *ихэнх, зонхи, олонхи, нэлэнхи, голцуу*
дугуй, *дүгрэг, дугираг*
дугуйлан, *клуб, цуглаан*
дугхий-, *унта-, зүүрмэглэ-*
дургүйлхэ-, *цааргал-, дургүйц-, зэвүүрхэ-*
дурла-, *хайрла-, сэтгэлтэй болох, учиртай болох*
дуус-, *төгс-, бара-, дүүрэ-, өндөрлө-, шувтра-*

Е е

ер, *огт*
ер, *энгийн, жирийн*
ерөнхий, *нэгдсэн*
ерөнхийдөө, *нийтдээ, үндсэндээ, дүндээ*
ерөнхийл-, *толгойл-, удирда-, захир-*
ерөнхийл-, *товчил-*
ерөө-, *бэлэгдэ-*

Ё ё

ёжло-, *тогло-*

ёстой, *жинхэнэ, яг*

Ж ж

жаал, *хүүхэд*
жаал, *жаахан, хэсэг*
жижиг, *бага, жаахан, жоохон*
жил, *он*
жирэмсэн, *давхар биетэй, бие шалтгаантай, хөл хүнд, бие давхар*
журам, *дүрэм, горим, эрэмбэ, дараа, дэглэм, дэг, мөрдлөг*

З з

заа-, *сурга-, хэлэ-*
заавал, *яг, бат, маргаангүй, магад, лавтайяа,*
заавар, *журам, дүрэм, чиг, заалт, чиглэл, зам*
зааг, *уулзар, уулзвар, заадас*
заваан, *бохир, балиар, бохио, болхи*
загна-, *зандар-, омогдо-, аашла-, зандар-*
зай, *чөлөө, завсар, хий*
зайрмаг, *мөхөөлдөс*
залгамжлах, *залгах, уламжлах, хөгжүүлэх, голомт сахих, голомт залгах, үе залгах*
залил -, *малла-, мэхлэ-, хуура-*
замчин, *газарчин*
засаг, *төр*
захира-, *заса-, удирда*
зовлон, *зүдүүр, зүдгүүр, гачаал, гаслан, гамшиг*
зово-, *ичи-, хала-, яс хавталзах, нүүр улайх, нүүр халуун оргих*
зово-, *түгших, зүрх шимширэх, гол харлах, өрөвдөх*
зожиг, *зөрүүд, гажууд*
зориуд, *санаатай*

И и

идэвхи, *чармайлт, хүч, мэрийлт, зүтгэл, мэриймж*
идэр, *залуу*
идэш, *тэжээл, хоол, хүнс*
идээ, *будаа, цагаа, хоол, унд, зоог, шүүс*
идээл-, *баал-*
идээш-, *даса-, нутагши-, зохицо-, суурьши-, газарши-, таара-,*
иж, *бүрэн, бүрдэл, төгс, гүйцэд*
ийм, *иймэрхүү, энэ мэт*
ийн, *ингэж, энэ мэт, ингээд, ийм*
ил, *тод, тодорхой, задгай, илт, илэрхий, шууд, шулуун, ний нуугүй*
илгээх, *явуулах*
илэрхий, *тодорхой, шууд, мэдээж, улаан цагаан*
инээ-, *инээмсэглэ-, үнэгчил-, жуумагна-, жуумалза-, хөхөр-*
инээдтэй, *хөгтэй, наргиантай, зугаатай, цэнгэлтэй, хөгжилтэй, элэг хөшмөөр, элэг авмаар*
ирэ-, *ява-, оч-, буца-, хари-, эргэ-, дахин зүглэх, жолоо залах*
итгэ-, *найда-, итгэмжил*

Л л

лав, *баттай, бөх, яг, үнэн, магад*
лавла-, *асуу-, магадла-*
лай, *төвөг, яршиг, зай*

М м

магад, *магадгүй, болзошгүй*
магадла-, *нотло-, батла-, шалга-*
магта-, *сайшаа-, шагши-*
манай, *бидний*
мөнгө, *цаас, төгрөг*
мэрэг, *төлөг*

мэт, *шиг, адил, ингээд, тэгээд*
мэх, *заль*
мятар-, *шантар-, ай-, бэрхшээ-*

Н н

найдах, *горьдох, итгэх, горилох*
найз, *нөхөр, түнш, анд, хань, ойр, дотно*
наймаа, *худалдаа, арилжаа*
нандин, *ховор, чухал, нарийн*
нийл-, *нэгд-, зохиц-, нэгдэ-, хамтар-, таара-*
нийт, *даяар, хотол, бүгд, бүх*
нөхөр, *хань, эр нөхөр, хар хүн*
нутаг, *орон, газар*
нүсэр, *арвин, том, их*
нүцгэн, *шалдан*
нээ-, *онгойлго*
нээрээ, *нээрэн, үнэхээр, үнэндээ, чухамдаа*
нярай, *нялх, шинэ*
нярайлах, *амаржих, төрөх, хоёр яс хагацах*

О о

одо-, *зорчи-,ява-, очих*
ой, *мод, тайга, шугуй, хөвч*
ойр, *дөт, ойрхон, оройлцоо, ойр зуур, энэ зуур*
ойрто-, *дөхө-, шахамда-, тула-*
ололт, *амжилт, ахиц*
олуулаа, *нийтээрээ, хотлоороо, даяараа, бултаараа, цугаараа, бүгдээрээ, бөөнөөрөө*
ондоо, *анги, өөр, адил бус, ижил биш, шал ондоо, огт өөр, тэс өөр*
оновчтой, *зөв, тохирсон, зохимжтой*
онол, *ухаан, номлол*
онцгой, *чухал, содон*

онцлог, *ялгаа*
оньсого, *таавар*
орой, *үдэш, бүрий*
оройт-, *хожид-, хожимдо-*
орчлон, *дэлхий, ертөнц*
орчуулагч, *хэлмэрч*
охин, *хүүхэн, бүсгүй*

Ө ө

өв, *хөрөнгө, хувь*
өвгөд, *хөгшид, өтгөс, настан, буурал*
өгсө-, *маца-, авира-, ахи-*
өгсө-, *өөдлө-, ахи-, дээшлэ-*
өөр, *ангид, ондоо*
өрөвдө-, *хайрла-, зүрх шимшир-, өр өвдө-*
өрөөсөн, *сондгой, ганц, гоонь*
өрсөлдө-, *тэмцэлдэх*
өчнөөн, *төчнөөн*

С с

садан, *төрөл, хамаатан, ах дүү, яс махны тасархай*
салхи-, *шуурга, хуй*
салхил-, *үлээ-*
санамсаргүй, *гэв гэнэт, санаандгүй*
сансар, *орчлон, огторгуй*
сори-, *турши-, тэнсэ-*
судар, *ном, бичиг, түүх, шаштир*
судлал, *судалгаа*
сура-, *мэдэ-, эзэмши-*
сура-, *асуу-, сурагла-, сурвалжил-*
сурагч, *шавь, оюутан*
сэжиглэ-, *харда-, сэрдэ-*

сэргэлэн, *цовоо, авхаалжтай*
сэрэмжлэх, *болгоомжлох, анхаарах, сэргийлэх*
сэцэн, *мэргэн, цэцэн*

Т т

таалагда-, *нүүр ол-*
таарамж, *тохирол, нийлэмж, тохиромж*
тагла-, *бөглө-, битүүл-, хаа-, бүтээ-*
таргал-, *мариал-, зузаар-, бүдүүр-, махал-, өөхөл-*
тархи, *толгой*
тогло-, *наада-, доошоо оро-, шогло-*
тоглоом, *тохуу, наадам, доог, шоглоом*
тогто-, *шийд-*
тогтоол-, *шийдвэр, шийд*
тогтмол, *байнга, дандаа, үргэлж*
тодорхой, *илт, илэрхий, хийсвэр*
торгууль, *шийтгэл, зэмлэл, баа*
тохир-, *зохир-, эвлэр-, зохицо-, таар-*
төвшин, *энх, амгалан, тайван, амар амгалан*
төгрөг, *дугаргиг*
төгс, *бүрэн, гүйцэд*
төгсө-, *өндөрлө-, тар-, дууса-*
төдхөн-, *мөдхөн, дор нь, даруйхан, одоохон, удахгүй, төдгүй, дороо*
төлбөр, *төлөөс, өр*
туг, *далбаа*
тулалда-, *байлда-*
туршлага, *дадлага*
тэвч-, *хүлцэ-, хүлээ-, биеэ барь-, хэлээ хаза-,*
тэвчээр, *хатуужил*
тээш, *ачаа*

У у

уда-, *сунжира-, удаашир-*

удаан, *алгуур, аажим*
уйтгарла-, *гиюүрэ-*
уна-, *ойчи-*
уна-, *мордо-, зайдла-, суу-*
уна-, *сөнө-, мөхө-*
унта-, *нойрсо-, зүүрмэглэ-, амра-, дугжир-, дугхий-, хажуул-*
уужим, *уудам*
уужир-, *тайвшир-*
уурла-, *бухимда-, омогдо-, уур хүр-, хилэгнэ-, уцаарла-, унтууц-* уурса-, *эгдүүц-, хилэн бадар-*
уучил-, *өршөө-, хэлтрүүл-, нигүүлс-, хүлцэ-, хэлтрүүл-*
урд, *өмнө, түрүүн*
утга, *агуулга, санаа, учир*
уха-, *ойлго-, ухамсарла-*
ухаар-, *ухаажи-, хэрсүүжи-, томоожи-, сэнхэр-, ухаан суу-, ухаан ор-, сүв нь онгой-, нүдээ нээ-, орой руу нь ор-*
учир, *шалтгаан*

Ү ү

үг, *хэл, яриа*
үймээн, *шуугиан, бужигнаан, самуун*
үлэмж, *агуу, их, маш*
үндэс, *суурь, ёроол, уг*
үхэ-, *бурхан бол-, бурханы оронд яв-, нас нөгчи-, өнгөр-, нас бара-, талий-, нүд ани-, эндэ-, эцсийн амьсгал тата-, таалал бол-, таалал төгсө-, тэнгэр бол-, тэнгэрт хали-, амьсгал(амьсгаа) хураа-, амьсгалын нь тоо гүйц-, өөд бол-, төрөл арилжи, ертөнцийн мөнх бусыг үзүүл-, талийгаач бол-, нирваан дүр үзүүл*

Х х

хааяа, *заримдаа, хаа нэг*
хай-, *эрэ-, сурагла-*

хайрла-, *янагла-, энхрийлэ-, энхэр-*
хайрла-, *нандигна- хамгаал-*
халуур-, *бүлээр-*
хамт, *цуг*
харда-, *сэрдэ-, сэжиглэ-, хар буу-*
хари-, *эгэ-, буца-*
харилцаа, *холбоо, сүлбээ, хэлхээ*
харин, *гэхдээ*
харц, *барлаг, боол*
харь газар, *гадаад орон, хүний нутаг*
хахууль, *авилгал, хээл хахууль, гар хүндрүүлэх юм*
хахуульда-, *гар цайлга-, хээл хахууль өгө-*
хачин, *этгээд, гажууд*
хий-, *үйлдэ-, бүтээ-*
хичээ-, *шамда-, чармай-, оролдо-, мэрий-, улай-, зүтгэ-, гараа гарга*
хов, *жив*
хог, *новш*
хөгжил, *дэвшил*
хөгжөөн, *наадам, наргиан, зугаа, цэнгэл*
хуваа-, *хэсэглэ-*
хувир-, *хувис-*
худ, *ураг, андал, андлай, анд, худгай, төрөл*
хэл, *ам*
хэм, *хэмжээ, хязгаар, хориг*
хэмнэ-, *арвила-, гамна-*

Ц ц

цаагуур, *холуур*
цаагуур, *цаад талаар*
цаад, *чанад, цаадахь, цаана*
цааз, *ял, хууль, дүрэм, журам*
цаг, *хугацаа, улирал, цаг үе, цаг хугацаа*
цагаан, *цэгээн, гялаан*
цагаан, *цайлган, сүү шиг*
цагдаа, *сэргийлэгч, журам сахиулагч*

цадиг, *түүх, намтар, цэдэг, түүх цадиг*
цайллага, *дайллага, зоог, хүлээн авалт, хоол*
цовоо, *сэргэлэн, хийморьтой, золбоотой, жавхаалаг, элдэвтэй, сүрхий*
цоо, *нэвт*
цочир, *гэнэт, түргэн, цочмог*
цөл, *зэлүүд, зэлүүд говь, говь цөл*
цөөн, *олон биш, олон*
цөөнх, *цөөхөнх*
цуг, *цугтаа, хамт*
цэвэрлэ-, *ариутга-, ариул-*
цэлмэг, *тунгалаг, саруул*
цэх, *шулуун, эгц, чиг*
цэхч, *шударга, голч*

Ч ч

чагна-, *сонсо-, чимээл-*
чадвар, *чадал*
чалчаа, *яриа, илүү үгтэй*
чамла-, *голо-, гоморхо-, чамарха-*
чанар, *чансаа, яс, мөс*
чоно, *боохой, тэнгэрийн нохой, хээрийн амьтан*
чулууд-, *шидэ-, хая-, орхи-*

Ш ш

шаваар-, *овоор-, цуглар-, бөөгнөр-, бутар-*
шавдуу, *хурдан, түргэн, шамдуу, яаруу*
шагнал, *урамшил, хөхүүл*
шадар, *дотно, итгэлтэй, итгэлт*
шажин, *шашин*
шиг, *мэт, адил*
шийтгэл, *гэсгээл*
шударга, *үнэнч*
шуна-, *шунагла-, шунахайр-, нүдний хор оро-*

шунал, *хорхой, хүсэл, дур*

Э э

эв, *эе, найр, зүй*
эвдэр-, *хэмхэр-*
эсвэл, *эс тэгвэл, тэгэхгүй, бол-, эс, нэг бол, эс бөгөөс,*
эсрэг, *тэсрэг, харш, зохисгүй, сөрөг*
эх, *ээж, ижий*
эх, *анх, түрүү, эхлэл*
эхлэ-, *гар-, үүс-, үүсгэ-, үүсвэрлэ-, үндэслэ-, үүд*
эхнэр, *гэргий*

Я я

яаравчлах, *хурдавчлах, түргэвчлэх, шалавлах*
явгаар, *хөлөөрөө, газраар*
ядар-, *зутар-, зүдэр-, доройт-, эцэ-, туйлда-*
ядуурал, *доройтол, үгүйрэл, хоосрол*
язгуур, *угсаа, үүсэл, эх*
язгуурт, *сурвалжит, угсаат, үндэст*
ялагдах, *дийлдэх, автагдах*
ялах, *дийлэх, давах (нялах)*
ялгаа, *зөрөө*
ялгаагүй, *ялгалгүй, ялгаваргүй, адилхан*
янаглах, *амраглах*
яршиг, *төвөг*